투자하려면
경제신문

돈의 흐름이 보이는 경제신문 제대로 읽는 법

투자하려면 경제신문

초판 1쇄 발행 2022년 4월 6일
초판 6쇄 발행 2024년 5월 30일

지은이 이수정(크리스탈)

발행인 백유미 조영석
발행처 (주)라온아시아
주소 서울특별시 서초구 방배로180 스파크플러스 3F

등록 2016년 7월 5일 제2016-000141호
전화 070-7600-8230   **팩스** 070-4754-2473

값 17,000원
ISBN 979-11-92072-41-8 (13320)

라온북은 독자 여러분의 소중한 원고를 기다리고 있습니다. (raonbook@raonasia.co.kr)

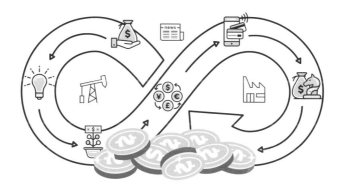

투자하려면 경제신문

이수정(크리스탈) 지음

RAON
BOOK

경제신문으로
바뀐 내 인생

나는 어릴 때부터 돈에 관심이 많았다. 그럴 수밖에 없었던 건 초등학교 2학년 때 집에 압류딱지가 붙는 공포를 경험했기 때문이다. 그때는 10살도 채 되지 않은 나이였지만, 새빨간 압류딱지를 정말 좋아하던 소파에 심각한 얼굴로 붙이는 사람들을 보면서, 나는 '이제 더 이상 저기에 앉을 수 없겠구나' 생각했다. 이때 겪었던 충격은 내가 절약과 저축을 습관으로 만들게까지 해주었지만, 성인이 되어서는 안정적인 직업만 찾는 쪽으로 영향을 주었다. 이때까지만 해도 돈은 내게 무서운 존재였다.

하지만 아이러니하게도 돈에 대한 결핍과 두려움 덕분에 나는 또래보다 빠르게 2016년 스물네 살의 나이에 자본주의를 배우면서 '돈'에 눈을 일찍 뜨게 되었다. 그러고 나니 돈은 무섭다고 피해야 할 존재가 아니라 아주 좋은 것이고 오히려 친해져야 하는 존재라는 것을 알게 되었다.

돈과 친해지기 위해 가장 먼저 한 것은 경제신문을 읽고 주식 투자를 시작한 것이다. 경제신문을 읽다 보니 자연스럽게 주식에 관심이 생겼고, 운 좋게도 코스피가 박스피를 탈출하던 2017년 상승장에 올라탔다. 그렇게 한 해를 기세등등하게 보냈고, 2018년부터 시작된 증시 하락세에도 단지 일시적인 조정일 뿐이라고 코웃음을 치며 거만하게 경제 상황을 무시했다. 그렇게 시장을 만만하게 본 결과는 처참했다. 그해 말 −32%의 계좌를 보고 무릎을 꿇고 말았다. 내 딴에는 투자 공부를 열심히 하고 나름 전략적으로 움직였다고 생각했지만, 내 주식 계좌는 약간의 플러스는커녕 오히려 마이너스가 되었다.

'뭐가 잘못된 걸까?' 원인은 역설적이게도 '돈'에 있었다. 돈에'만' 관심을 쏟으며 종목을 쫓아다니기 바빴고, 정작 돈이 어디로 흐르고 있는지는 보지 않았던 것이다. 돈의 뒤꽁무니만 쫓아다녔지, 중요한 '돈의 흐름'에 무지했다는 것을 깨달았다. 그저 남들이 가는 대로 따라다니기만 했고, 초심자의 행운을 실력이라 착각하며 우왕좌왕하다가 계좌가 털리는 경험을 했다. 당시 나는 경제신문도 꼬박꼬박 읽고 있었지만, 단편적으로 이해하고 보고 싶은 기사만 보면서 나만의 '행복회로'를 돌리기에 바빴다. 그러는 사이 여러 글로벌 경기지표는 둔화세를 보이기 시작했고, 특히 제조업 경기가 안 좋아지면서 관련 주식에 투자하고 있던 나 역시도 이 영향을 피해갈 수 없었다.

이렇듯 경제신문을 아무리 읽어본들 나무만 보고 숲을 보지 못해 '돈의 흐름'을 놓치면 투자도 경제도 놓치게 된다. 이 뼈아픈 경험 이후로 나는 경제신문을 이전과 좀 다르게 보게 되었다. 바로 '돈', '경제' 그 자체가 아니라 '돈의 흐름', '경제의 흐름'을 읽는 경제 공부를 시작한 것이다. 금리가 인하되었다면 그로 인해 생기는 변화, 주식시장과 부동산시장에 미치는 영향 등을 고려하기 시작했다. 미국과 중국이 무역 전쟁을 한다는데 우리나라가 왜 고래 싸움에 새우 등 터지는 건지, 관련 기업에는 어떤 영향을 미치는지 등의 관계를 분석하면서 흐름에 집중했다.

서당 개도 3년이면 풍월을 읊는다더니, 이렇게 경제 공부의 방향을 바꾼 지 3년이 지나자 놀라운 변화들이 생기기 시작했다. 498% 수익을 실현한 종목이 나오기도 했고, 코로나19 사태 이후 주식시장에 공포 심리가 가득했을 때도 투자액을 과감하게 늘릴 수 있었다. 다른 분야에도 안목이 생겨 부동산 청약 당첨으로 스물아홉 살의 나이에 유주택자가 되었고, 연금저축으로 든든한 노후 준비를 시작하게 되었다. 또 남편이 퇴사를 결심하고 재취업 준비를 했을 때 통 크게 1천만 원을 지원해줄 수 있었고, 부모님께 유럽 여행을 보내드리는 효도도 할 수 있었다.

내가 한 것은 경제 공부였지만, 내가 얻은 것은 경제 지식 '플러스 알파'였다. 경제 공부는 내가 생각했던 것보다 훨씬 많은 변화와 긍정적인 결과를 가져다준 셈이다. 하지만 무엇보다 가장 큰 것은 냉정한 자본주의 사회에서 살아남을 수 있다는 '자신감'을 얻은 것이다. 이 자신감 덕분에 늘 생각해왔던 '크리에이터'의 길에 도전할 수 있었고, 내가 평소 꿈꾸던 일을 할 수 있게 해주었다.

이렇듯 우연히 시작한 경제신문 읽기는 나에게 정말 많은 것을 가져다주었다. 그래서 이 책은 내가 경제 공부를 통해 변화되고 얻은 것을 여러 사람들과 나누고 싶은 마음으로 썼다. 부디 많은 독자분들이 이 책을 통해 자본주의 사회에서 살아남을 수 있을 만큼의 자신감과, 경제 공부를 시작할 용기를 얻었으면 좋겠다.

이 책의 1장에서는 먼저 경제 공부의 필요성과 경제신문을 읽는 핵심 노하우를 소개했다. 2장은 경제 공부를 시작할 때 최소한 알아야 할 경제 상식을 쉽게 설명하고, 더불어 실제 사례를 통해 경제를 해석하는 방법을 알려준다. 3장에서는 경제신문의 주요 지면 다섯 군데를 읽는 방법과 이 기사들이 품고 있는 행간의 의미를 읽는 법을 서술했다. 마지막 4장은 실제 경제 기사의 내용을 투자와 실생활에 적용하는 방법을 다뤘다.

물론 이 책 한 권을 읽는 것만으로 경제 기사가 마치 동화책처럼 술술 읽히거나 모든 경제용어에 통달하는 마법이 일어나기는 쉽지 않을 것이다. 그래도 최소한의 경제 상식을 습득하고 경제 기사에서 중요하게 봐야 하는 것들을 찾아낼 수 있는 안목을 기를 수 있으리라 확신한다. 특히 경제신문을 읽고 투자에 적용하는 인사이트를 키우는 데에 큰 도움이 될 것으로 생각한다.

더불어 경제 공부를 너무 어렵게 생각하는 분들께 '사이다' 같은 책이 되기를 바란다. 누군가가 옆에서 친절히 알려주길 원하는 분, 남의 이야기를 듣고 투자하는 게 아니라 내가 스스로 판단해서 투자하고 싶은 분들이라면 이 책과 함께 시작하는 것을 추천한다. 꼭 재테크가 목적이 아니더라도 경제를 쉽고 재미있게 배우길 원하는 모든 분들에게도 이 책이 도움이 된다면 더 바랄 게 없겠다.

어릴 적 이 세상에 '주식'이라는 게 존재하는지도 몰랐던 나도 해냈으니, 여러분들은 더 빨리 경제와 친해질 수 있다. 지금부터 경제와 '찐친'이 되는 길에 여러분을 초대한다. 출발!

2022년 3월

Crystal

차 례

제1장 재테크하려면 경제부터, 경제를 알려면 신문부터

제2장 **경제신문 읽기 전에
꼭 알아야 할 경제 상식**

제3장 돈 벌어주는 경제신문 읽기: 준비

제4장 **돈 벌어주는
경제신문 읽기: 실전**

경제 상식 자가 진단

나의 경제 상식 점수는?

가벼운 마음으로 아래를 잘 읽어보고 자신에 해당하면 체크해 보세요(총 15문항).

문항	내용	체크표
1	경제 기사를 일주일에 최소한 5개 읽는다.	
2	금융과 경제에 관한 책을 10권 이상 가지고 있다.	
3	현재 우리나라와 미국의 기준금리가 몇 %인지 알고 있다.	
4	상장기업의 재무제표를 친구에게 설명할 수 있을 정도로 분석할 수 있다.	
5	부동산 매입 시 내야 할 세금의 종류를 알고 있다.	
6	'연준'이 어떤 용어의 줄임말인지 알고 있다.	
7	제1·2·3금융권의 차이를 설명할 수 있다.	
8	부동산 전세수급지수를 해석하는 기준점을 알고 있다.	
9	연준의 양적완화와 양적긴축 정책 시행 방법을 설명할 수 있다.	
10	통화정책과 재정정책의 차이를 명확하게 설명할 수 있다.	
11	원달러환율이 오르면 어떤 업종에 속한 기업이 수혜를 받는지 설명할 수 있다.	
12	금리와 주식, 금리와 채권, 금리와 환율의 상관관계를 설명할 수 있다.	
13	장단기 금리차 지표의 의미와 해석 방법을 설명할 수 있다.	
14	국제수지의 '수지'가 어떤 용어의 줄임말인지 알고 있다.	
15	경상수지 적자와 흑자의 의미를 설명할 수 있다.	

체크한 개수를 세어보세요.

3개 이하: 이러다 큰일 나는 '경알못'

경제의 'ㄱ'자만 들어도 머리가 지끈거리는 당신. 경제에 대해 알고 싶지만 너무 어렵게만 느껴져 손 놓고 있을 확률 99.99%. 그러다 진짜 큰일 난다. 그래도 이 책을 집었다는 점에서 엄청난 희망이 보인다. 지금도 늦지 않았다! 늦었다고 생각할 때가 가장 빠를 때다. 아직 서투른 부분이 많지만 공부하고 노력하면 지금보다 경제와 친해질 수 있다. 용어부터 익혀가며 경제 지식을 차곡차곡 쌓아나가 보자. 이 책과 함께라면 '경알못(경제를 알지 못하는 사람)'에서 벗어나 경제가 생각보다 어렵지 않다는 것을 알게 될 것이다. 특히 경제 기초상식을 다루는 2장을 중심으로 기본을 세우는 게 우선!

4~7개: 그놈이 그놈 같은 '경알못'

용어들은 눈에 익은데 그놈이 그놈 같아서 헷갈리는 당신. 초보 딱지는 뗐지만, 아직 경제와 친해지지 못해 경제 기사를 읽어도 완벽하게 이해하는 데 시간이 걸린다. 아는 것도 되짚으면서 알쏭달쏭한 개념을 확실하게 잡아보자. 특히 1장에 있는 경제신문 독법 노하우와 경제신문 스크랩 스킬을 익혀서 배운 내용을 내 것으로 만드는 작업에 집중하자!

8~11개: 어설픈 '경잘알'

경제 지식은 어느 정도 갖춰서 나무는 볼 줄 알지만, 숲은 보지 못하는 당신. 경제 공부를 해본 경험이 제법 있고 기본적인 상식들도 알고 있지만 축적한 지식 간의 연결 역량이 다소 부족하다. 안주하지 말고 노력해서 한 단계 더 발전하면 완벽한 '경잘알(경제를 잘 아는 사람)'이 될 수 있으니 배움과 실천을 게을리하지 말자. 특히 경제신문 주요 지면 읽는 방법을 다루는 3장을 중심으로 보면서, 기존의 배경지식과 기사에서 얻은 인사이트를 연결하는 데 집중해 보길!

12개 이상: 준비된 '경잘알'

이 정도 경제 상식쯤은 누워서 떡 먹기인 당신. 상당한 지식과 노하우를 쌓아온 경제 공부의 베테랑으로, 이미 제법 큰 자산을 자신의 힘으로 만들어놓았을 가능성이 크다. 그러나 경제 상식은 꾸준히 업데이트하는 것이 중요하니 자만은 금물! 시시각각 변하는 시장상황과 경세정책 등 최신 정보 습득을 멈춰서는 안 된다. 특히 경제 지식을 실제 투자에 적용한 사례를 다룬 4장을 중심으로 보면서 지식을 실천으로 바꾸는 연습을 게을리하지 말자!

1장

재테크하려면 경제부터, 경제를 알려면 신문부터

경제 공부는
읽기에서
시작한다

자본주의를 배우며 경제신문과 처음 만나다

지금도 나는 경제 공부를 처음 시작하기로 마음먹었던 때의 '충격'을 똑똑히 기억한다. 우연히 듣게 된 강의에서 '자본주의는 돈, 금융, 경제를 모르는 사람이라고 해서 사정을 봐주지 않는다'라는 말을 듣고 엄청난 공포감을 느꼈다. '돈, 금융, 경제'를 모르는 사람이 바로 나였기 때문이다.

그런데 이보다 더 큰 충격은 나 자신이 자본주의 사회에 살고 있으면서도 자본의 'ㅈ' 자도 모르고 있다는 사실이었다. 이 세상이 자본주의 경제체제로 돌아가는지도 몰랐고, 주식이 존재하는지도 몰랐다. 그저 월급 꼬박꼬박 잘 받아서 부지런히 모으면 노후가 편안할 것이라고만 생각했다. 이렇게 20여 년을 살아온 자신에게 너무나도 화가 났던 나는 하루빨리 공부를 시작하고 싶었다. 다짜고짜 강사님께 물었다. "저 뭐부터 하면 될까요?" 대답은 너무나도 심플

했다. "경제신문부터 읽으세요!"

그렇게 난생처음 경제신문을 구독하게 되었고, 경제신문을 받은 첫날에는 1면에 있는 기사부터 맨 뒷장에 있는 광고까지 정말 꼼꼼하게 읽었다. 그러나 그렇게 불타올랐던 내 열정은 단 3일 만에 활활 타서 없어져 버렸다. 한글을 읽는 건데 무슨 소리인지 의미도 맥락도 모르겠고 해석도 전혀 안 되었기 때문이다. 분명 읽기는 읽는데 의미가 공허하게 떠다녔다. 뜻을 모르면 흥미도 떨어지는 법. 나는 흥미와 열정을 모두 잃어버렸다.

경제 공부에 가장 좋은 교재는 '불친절한' 경제신문

그렇게 며칠 자괴감에 빠졌다가 '나, 뭐 읽고 있는 거지?'라는 생각과 함께 강사님께서 왜 많고 많은 것 중에 하필 경제신문을 추천했는지 곰곰이 생각해봤다. 나는 그 이유를 우리나라 돈에서 찾을 수 있었다. 우리나라 화폐단위는 원(圓)이다. 왜 '둥글 원'인지 생각해본 적이 있는가? 답은 간단하다. 바로 돈은 계속해서 돌고 돌기 때문이다. 어디로? 더 가치 있는 곳으로.

돈이 돌고 돌기 때문에 자본주의 속 경제도 계속해서 흐르는 속성이 있다. 따라서 이 흐름에 올라타야 경제와 함께 흘러갈 수 있고, 올라타기 가장 좋은 방법이 바로 경제신문을 읽는 것이다. 왜냐하면 경제신문은 이 세상의 돌고 도는 모든 경제 이슈 중에서 가장 중요한 내용을 매일매일 업데이트해 주기 때문이다. 따라서 경제신문을 읽어야 경제 흐름을 읽을 수 있고, 나아가 돈의 흐름까지 읽을 수 있게 된다.

그래도 경제 관련 도서, 뉴스레터, 강의, 유튜브 영상 등 많은 콘텐츠가 있는데 왜 하필 경제신문일까? 여러 가지 이유가 있겠지만 내가 생각한 가장 큰 이유는 아이러니하게도 읽어도 무슨 말인지 '모르기' 때문이다. 아니 이게 도대체 무슨 말일까? 해석도 안 되는데 어떻게 경제 공부가 된다는 걸까? 바로 해석이 안 되기에 '스스로 생각하는 힘'을 길러주기 때문이다.

나는 경제신문을 처음 읽었을 때 첫 문장부터 이해하기가 어려웠다. 생전 처음 듣는 단어와 단어의 조합, 그것들이 어우러져 큰 경제 그림을 이야기하는데 도통 알 수가 없었다. 그런데 해석이 안 되니까, '스스로 생각하고 유추하는' 시간을 갖게 되었다. 하루하루 지날수록 혼자 생각할 수 있는 힘이 길러졌다. 그제야 강사님이 경제신문부터 읽으라고 했던 조언의 의미를 이해할 수 있었다.

책이나 강의는 너무나도 친절하다. 그러나 책은 읽고 나면 머릿속에 남는 게 별로 없고, 강의는 그 시간에는 이해한 것 같다가도 끝나고 나면 내 것으로 남지 않았다. 반면 경제신문은 모르는 내용을 그때그때 찾아서 기사 내용에 맞게 해석하는 것이라 공부한 내용을 내 것으로 만들 수 있었고, 남는 것도 많았다. 특히 경제용어가 처음에는 너무 어려웠지만 계속 반복해서 접하니 자연스럽게 익혀졌고, 용어는 똑같이 나오지만 기사 내용은 다르게 나오니 다각도로 이해할 수 있었다.

물론 이 방법으로 하면 주먹구구식으로 공부하는 것 같아서 빙돌아가는 기분이 들 수도 있다. 하지만 계속해서 이렇게 공부하라는 게 아니다. 일단 3개월 정도는 이런 식으로 그때그때 필요한 개념만 찾아서 공부하자. 그래야 흥미가 생긴다. 어려운 경제신문을 읽을 때 흥미를 붙이는 것만큼 중요한 게 없다. 경제 도서는 각 잡고 읽어야 된다. 하지만 경제신문은 살아 있기 때문에 그때그때 흥미를 붙여서 공부하기에 가장 좋다.

'부알못', '주알못'보다 더 치명적인 '경알못'

솔직히 '주식 공부하기도 벅찬데, 굳이 경제 공부까지 해야 할까?'라는 의문이 들 수도 있다. 하지만 나는 이 물음에 '굳이' 해야 한다고 답하고 싶다. 주식 공부는 하지 않아도 먹고사는 데 지장이 없을 수 있지만, 경제 공부는 아니기 때문이다. 예를 들어 금리의 변동이 시장에 미치는 영향에 대한 기사를 본 적이 있을 것이다. 이런 기사를 보면 주식 투자하는데 내가 왜 금리까지 알아야 하나 싶다. 하지만 알아야 한다. 금리는 당장 나의 전세대출 이자와 적금 이자 등 실생활에 바로 영향을 주기 때문이다.

만약 금리가 어떻게 변하는지도 모르고 덜컥 대출을 늘리면 이자에 허덕이다 담보까지 경매로 넘어가 먹고사는 문제로까지 확대될 수 있다. 특히 코로나급 위기가 왔을 때는 실생활뿐만 아니라 생존에도 영향을 미치기 때문에 알아야 한다. 그래서 '부알못(부동산을 알지 못하는 사람)', '주알못(주식을 알지 못하는 사람)'보다 더 치명적인 것은 '경알못(경제를 알지 못하는 사람)'이다. 이와 관련해서 미국 연방준비제도이사회 의장이었던 앨런 그린스펀(Alan Greenspan)은 이렇게 말했다. "글을 모르면 사는 데 불편한 정도지만, 금융을 모르면 생존 자체가 어려우므로 금융 문맹이 문맹보다 무섭다."

이 메시지를 통해 전하고 싶은 말은, 많은 사람이 투자를 위해서 경제 공부를 한다고 생각하지만 본질은 투자가 아니라 '생존'이라는 것이다. 그러니 지금 당장 주식 및 부동산 투자로 수익을 내는 것보다 생존이 걸려 있는 경제 공부로 먼저 기본을 다진 후에 차근차근히 접근해야 한다.

제대로 읽는 방법은 따로 있다

경제신문을 아무리 읽어도 변화가 없는 이유

"경제신문을 읽고 있습니다. 그런데 변화를 잘 모르겠어요. 어떻게 읽어야 할까요?" 온라인으로 경제신문 스크랩 과정 수강생들에게 코칭해 주는 일을 2년째 해오고 있는 내가 가장 많이 받는 질문이다. 5년 전에 내가 겪었던 고충을 똑같이 경험하는 사람들이 여전히 많다. 읽어도 무슨 말인지 모르겠을 때의 그 답답함. 이로 말할 수 없는 또 다른 고통이다.

이런 분들께 나는 답을 먼저 주기보다는 질문을 던진다. "경제신문, 왜 읽으세요?" 이렇게 물으면 대부분 사람들은 약간 당황하며 이렇게 대답한다. "투자는 시작했는데 뭘 알아야 투자도 잘할 거 같고, 읽다 보면 언젠가 도움이 되지 않을까 해서요."

만약 자신도 이렇게 대답하는 사람에 속한다면, 축하한다는 말을 하고 싶다. 경제신문과 손절하는 이유를 알게 되었으니 말이다. 안

타깝지만 경제신문을 무작정 읽는다고 해서 돈의 흐름을 읽어내는 변화를 만들 수는 없다. 막연한 목표는 딱 그만큼의 막연한 변화만 가져오기 때문이다. 이렇게 두루뭉술한 생각을 갖고 경제신문을 읽으면 재미있을까? 당연히 재미없고 숙제 같은 느낌만 들어서 오히려 스트레스로 다가온다. 이런 상태로 경제신문을 읽으면서 긍정적인 변화를 기대한다면 "어제와 똑같이 살면서 다른 미래를 기대하는 것은 정신병 초기 증세와 같다"라는 아인슈타인의 말처럼 심각한 착각이다.

따라서 경제신문을 왜 읽어야 하는지에 대한 '나만의' 목표가 필요하다. 그래야 재미가 붙고, 의미 있는 변화를 만들어낼 수 있다. 더불어 경제신문을 읽고 어떤 방향으로 나아가고 싶은지 알아야 원하는 것을 정확하게 얻을 수 있다.

나만의 목표를 세우는 방법

그러면 목표는 어떻게 세우면 될까? 바로 기사 작성 시 담겨야 할 여섯 가지 기본 요소인 '5W1H'를 활용하는 게 가장 효과적이다. 5W1H는 Who(누가), Why(왜), When(언제), Where(어디서), What(무엇을), How(어떻게)로 요약된다.

예를 들면 '나는(Who) 주식 투자에 적용하기 위해(Why) 평일 오전 8시에(When) 사무실 책상에서(Where) 경제신문 증권면에 있는 주식 관련 기사를 1개(What) 읽고, 투자에 적용할 점 한 가지를 작성하겠다(How)' 같은 구체적인 목표가 그것이다. 이렇게 구체적으로 계획을 세워 목표치를 정한다면, 막연히 '경제신문 열심히 읽어서 부자 돼야지' 하는 목표보다 훨씬 명확해서 성공할 확률이 더 높아지게 될 것이다.

물론 본인이 처한 상황에 따라 목표는 달라질 수 있다. 취준생이라면 '나는(Who) 금융권 취업을 위해(Why) 평일 오후 2시에(When) 도서관에서(Where) 경제신문 금융면에 있는 기사를 1개(What) 읽고, 취업하고자 하는 회사와 관련된 질문 1개를 만들겠다(How)' 같은 목표를 세울 수 있다. 이제 막 경제 공부를 시작한 주부라면 '나는(Who) 경제 공부를 위해(Why) 평일 아기가 잠든 시간에(When) 내 방 책상에서(Where) 경제신문 1면에 있는 기사를 1개(What) 읽고, 핵심 내용을 한 줄로 요약하겠다(How)' 같은 목표를 세울 수 있다.

경제신문을 읽는 '나만의' 목표

Who(누가): 나는
_____

Why(왜):
_____

When(언제):
_____

Where(어디서):
_____

What(무엇을):
_____

How(어떻게):
_____

각자 있는 자리에서 구체적이되 실현 가능한 계획을 세웠다면 이제 펜을 준비하자. 그리고 나만의 목표를 적어보자. 변화는 구체적인 목표에서 나온다.

경제신문 읽기에서는 편식이 필요하다

경제신문을 처음 구독하는 사람이 가장 많이 하는 실수가 있다. 바로 1면에 있는 기사부터 마지막 장에 있는 기사까지 읽어야 다 읽었다고 생각하는 것이다. 이렇게 매일 1면부터 끝까지 정독한다면 책 1권을 매일 읽는 것과 같다. 이게 가능할까?

2022년 발표된 문화체육관광부의 '2021 국민독서 실태조사' 결과에 의하면 성인의 연간 종합 독서량은 4.5권으로 2019년에 비해 3권 줄어들었다. 더불어 성인들이 독서하기 어려운 가장 큰 이유로 '일 때문에 시간이 없어서'(26.5%)를 꼽았다. 이렇듯 한 달에 책 1권 읽기도 힘든데, 경제신문을 매일 1면부터 끝까지 정독하는 게 현실적으로 가능할까? 가능한 것은 둘째치고, 매일 이렇게 다 읽어야 한다면 정말 지루하고 쉽게 지치지 않을까?

그리고 솔직히 다음 날 되면 기억도 잘 안 난다. 물론 다 읽는 게 잘못된 것은 아니다. 다만 중요한 것은 '경제신문은 처음부터 끝까지 다 읽지 않아도 된다'는 점에서 다르게 접근할 필요가 있다. 신문 읽기는 앞에 정한 자신의 목표에 따라 기사를 선별해서 읽으면 된다. 즉 자신이 어떤 목표를 세웠느냐에 따라 경제신문에서 읽어야 할 기사가 달라질 수 있다. 아니, 달라져야 한다.

목표가 주식 투자에 적용하기 위함이라면 국제면, 산업면, 증권면에 있는 기사를 집중적으로 읽어야 짧은 기간 안에 주식 투자와 친해질 수 있다. 초반에는 잘 보이지 않지만 꾸준하게 읽으면 국제면에 있는 기사와 증권면에 있는 기사를 연결시킬 수 있다. 이렇게 독립적인 기사 내용들에 숨겨진 연결고리를 찾으면서 서로에게 미치는 영향을 생각하는 연습을 해야 거시적인 경제를 보는 눈이 생긴다.

취업이 목표라면 들어가고자 하는 회사가 속한 업종과 관련된 지면 또는 회사가 언급된 기사, 경쟁사 기사 등을 집중해서 읽으면 효과적이다. 예를 들어 유통업에 마케터로 취업하기를 원한다면, 〈매일경제〉의 컨슈머 지면만 편식해서 읽어야 한다. 현재 소비트렌드가 어떻게 변하고 있는지, 이러한 변화가 목표로 하는 회사에게 미치는 영향은 무엇인지, 마케터로서 나는 어떤 준비를 해야 하는지 등을 연결해서 나에게 맞는 '질문'을 만들어가면 그 어떤 취준생과도 비교할 수 없는 나만의 '무기'가 생길 것이다.

신문사별 특성을
알면 읽지 말아야
할 기사가 보인다

같은 사건, 다른 헤드라인

2021년 1월 23일에 현대자동차 코나 전기차에서 화재가 났다. 다음 날 신문사들은 너도나도 해당 이슈를 보도했다. 그런데 어딘가 좀 이상하다. 다음 페이지 그림에 있는 다른 신문사들과 〈한국경제〉의 기사 제목을 눈여겨보자. 차이점이 보이는가? 똑같은 이슈인데 다른 신문사들은 기사 제목에 보통 '코나' 또는 '화재'를 강조하면서 현상을 있는 그대로 작성한 반면, 〈한국경제〉는 작은따옴표도 아니고 큰따옴표로 "원인 알 수 없는 불"이라고 표현했다. 이게 무슨 의미일까? 불이 났긴 났는데 원인은 아직 알 수 없으니 '온전히 현대차만의 잘못은 아니다'라는 것을 강조하고 싶었던 게 아닐까?

한 가지 사례를 더 살펴보자. 현대자동차가 2020년 3분기에 2010년 이후 첫 분기 적자를 냈다. 이와 관련해 다른 신문사들의 기사 제목에는 '적자'라는 키워드가 들어간 반면, 〈한국경제〉의 기사

다른 신문사들의 현대자동차 코나 전기차 화재 내용을 다룬 기사 제목

서울신문 PiCK · 20면 1단 · 2021.01.25. · 네이버뉴스

'코나' 또 불... **현대**차, 전동화 전략 변수 되나

현대자동차 '코나 일렉트릭'에서 지난해 10월 이후 3개월 만에 또 **화재**가 발생했다. 2018년 5월 첫 **화재** 이후 벌써 15번째다. **현대**차가 전용 플랫폼(EGMP) 전기차 ...

'또 불난' 코나 EV에 고민 깊은... 디지털타임스 PiCK · 2021.01.25. · 네이버뉴스
현대차 "코나 전기차 **화재** 차량 접근... ZDNet Korea · 2021.01.25. · 네이버뉴스
'또 불난' 코나 EV에 고민 깊은 **현대**... 디지털타임스 · 2021.01.25. · 네이버뉴스
리콜 받은 전기車 '코나' 대구서 충전중 ... 동아일보 · 2021.01.25. · 네이버뉴스

〈한국경제〉의 현대자동차 코나 전기차 화재 내용을 다룬 기사 제목

한국경제 ✓PiCK ⓘ

코나 전기차 또 충전 중 '화재' 발생.. "원인 알 수 없는 불"

기사입력 2021.01.23. 오후 5:57 최종수정 2021.01.23. 오후 6:00 기사원문 스크랩 본문듣기·설정

다른 신문사들의 현대자동차 적자 내용을 다룬 기사 제목

세계일보 PiCK · A17면 1단 · 2020.10.26. · 네이버뉴스

현대차, 첫 **분기 적자**... 2조대 품질비용 반영 탓

현대차는 연결 재무제표 기준 **3분기** 영업손실이 3138억원을 기록해 **적자** 전환했다고 26일 공시했다. 세타2 엔진 추가 충당금 등의 품질 비용으로 2조1352억원을...

현대차, 품질비용 반영에 **3분기 적**... 조선비즈 PiCK · 2020.10.26. · 네이버뉴스
현대차, 3분기 3138억 원 영업 **적자** 부산일보 · 2020.10.26. · 네이버뉴스
현대차 3분기 **적자**전환...2조 충당금에... 한국경제TV · 2020.10.26. · 네이버뉴스
현대차 3분기 영업손실 3천138억원...2조... 연합뉴스 · 2020.10.26. · 네이버뉴스

〈한국경제〉의 현대자동차 적자 내용을 다룬 기사 제목

한국경제 ✓PiCK ⓘ

3兆 품질비용에도...현대·기아차, SUV·제네시스로 '고비' 넘겼다

A15면 1단 기사입력 2020.10.26. 오후 5:31 최종수정 2020.11.03. 오후 3:22 기사원문 스크랩 본문듣기·설정

제목에는 '적자' 키워드는 없고, 오히려 '고비를 넘겼다'라는 희망적인 메시지가 담겨 있다. 이렇듯 같은 이슈의 기사인데 제목의 뉘앙스가 다르다. 물론 적자의 배경 등을 살펴볼 필요는 있지만, 악재를 자극적인 용어 대신 순화된 용어로 표현했다는 점에서 다른 신문사와 차이가 있다. 그래서 같은 사건임에도 전혀 다른 기사로 읽힌다.

왜 이런 일이 벌어지는 걸까? 바로 〈한국경제〉의 최대주주가 현대자동차이기 때문이다. 현대자동차가 보유한 〈한국경제〉의 지분은 무려 20.5%에 달한다. 이런 배경을 안다면 〈한국경제〉가 기사 뉘앙스와 제목에서 다른 신문과 확연한 차이가 나는 이유를 쉽게 짐작할 수 있을 것이다. 여기서 우리가 확인할 수 있는 점은 어떤 신문사의 기사이든 글자 너머에 있는 문맥의 의미를 파악해야 한다는 것이다. 기사의 내용을 있는 그대로 받아들이기보다 비판적인 시선을 갖고 읽어야 하는 이유가 여기에 있다. 예를 들면 현대자동차와 관련된 기사를 볼 때는 〈한국경제〉에서 보도한 기사뿐만 아니라 다른 신문사의 기사도 함께 읽으면 더욱 객관적으로 해석할 수 있다.

경제신문사의 고객은 누구일까

또한 경제신문을 비판적인 시선으로 봐야 하는 이유는 한 가지 더 있다. 바로 경제신문사의 보이지 않는 고객 때문이다. 경제신문사의 고객은 누구일까? 구독료를 내는 구독자? 반은 맞고 반은 틀린 답이다. 진짜 고객은 따로 있기 때문이다. 진짜 고객은 경제신문 1면에서 쉽게 확인할 수 있다. 바로 광고료를 지불하는 '기업'이다. 실제로 한

〈한국경제〉 제호 광고료

(단위: 원, 부가세 별도)

면별	규격	광고 금액
1면	9cm×2.5cm	5,000,000 / 1일(연간)
	5.5cm×1cm	2,500,000 / 1일(연간)
섹션 1면	9cm×2.5cm	2,500,000 / 1일(연간)

출처: 〈한국경제〉

국언론진흥재단의 '신문산업 실태조사'에 따르면 2020년 기준으로 신문사의 매출액 구성에서 광고 수입이 63.3%, 종이신문 판매 수익 (구독료)이 20%라고 한다. 무려 3배 차이가 난다.

일례로 〈한국경제〉의 광고료 단가를 살펴보자. 신문사에서 가장 작은 광고는 1면(A1) 신문사 이름 옆에 들어가는 '제호 광고'다. 가로 5.5cm, 세로 1cm인 이 작은 제호 광고 비용이 얼마인 줄 아는가? 최소 250만 원이다. 더 놀라운 것은 가격 기준이 '하루'라는 점이다. 신문 발행이 없는 일요일을 제외하고 계산해 보면 이 작은 광고를 내기 위해 최소 월 6,250만 원(1일 250만 원×한 달 약 25일)을 납부해야 한다(공휴일은 계산하지 않음). 심지어 부가세는 별도다.

2만 원 vs 6,250만 원

이렇게 보니 우리가 내는 월 구독료 2만 원은 너무나도 초라하게 느껴진다. 구독자 3,125명 정도를 모아야 기업 1곳의 한 달 광고료 를 채울 수 있다. 물론 신문사마다 가격은 다르겠지만 몇 백, 몇 천 만 원 단위인 것은 비슷하다. 심지어 신문광고의 꽃인 백면(Back+면,

〈한국경제〉 주요 지면 광고료

(단위: 원, 부가세 별도)

구분		면	단가 (1단×1cm)	표준 규격 (단×cm)	광고 금액
본지	면별	1면	412,500	4×37	61,050,000
		백면	200,000	15×37	111,000,000
		3면	200,000	5×37	37,000,000
		2면, 5면, 증권	170,000	5×37	31,450,000
		4면, 산업, 부동산, 사회	130,000	5×37	24,050,000
		기타 면(지정)	130,000	5×37	24,050,000
		기타 면	120,000	5×37	22,200,000
	내용별	부고, 성명서	150,000	5×37	27,750,000
		주식, 공모주, 결산, 일반(분실) 공고	120,000	5×37	22,200,000
		결산, 일반(분실) 공고	40,000	1단×1행	
섹션		1면	140,000	5×37	25,900,000
		백면	110,000	15×37	61,050,000
		3면	100,000	5×37	18,500,000
		기타 면	80,000	5×37	14,800,000
애드버토리얼 컬럼		지면 협의	600,000	5×10	30,000,000

출처: 〈한국경제〉

맨 뒷면)은 '하루'에 무려 1억 원에 이르기도 한다. 백면은 전면광고만 나가기 때문에 소비자의 시선을 끌 수 있는 확률이 그만큼 커져서 가장 비싸다. 백면에서 대기업 광고가 자주 보이는 이유가 이 때문이다.

이렇듯 기업들로부터 받는 광고료가 굉장히 크기 때문에 어떤 신문사든 광고료를 주는 기업들의 눈치를 볼 수밖에 없고, 기업 친화적인 내용을 담을 수밖에 없다. 그래서 노조가 파업을 하면 구독료

내는 노동자 편이 아니라 광고료 주는 기업 편에서 작성하는 기사가 더 많은 것이다. 그러니 오늘부터라도 신문을 볼 때 신문사가 '구독료'가 아닌 '광고료'로 먹고사는 회사라는 것을 잊지 말고 읽어보자. 이 한 가지를 아는 것만으로도 기사 내용이 다르게 보일 것이다.

경제부 기자를 어디까지 믿어야 할까

경제 기사를 쓰는 기자는 과연 경제 전문가일까? 이는 경제신문사의 채용 공고와 필기시험 과목에서 쉽게 확인할 수 있다. 아래 표 내용은 〈한국경제〉의 기자 채용 공고다. 모집 부문에서 알 수 있듯이 취재기자와 편집기자로만 구분되어 있을 뿐 경제·정치·사회부 기자 등으로 구분해서 채용하지 않는다. 심지어 응시 자격은 '경제학 전공'이 아니라 '공인 영어 성적'이다. 이는 중국어를 전공했어도 공인 영어 성적 자격만 맞추면 경제부 기자가 될 수 있는 시험을 볼 수 있다는 뜻이다. 실제로 경제부 기자들 중에는 경제학 전공자가 아닌 사람들이 수두룩하다.

2020년 〈한국경제〉 공개 채용 모집 공고

모집 부문		모집 인원	전형 방법	응시 자격
수습	취재기자	○명	1차 서류전형 2차 필기시험 (논술/경제 상식/테샛) 3차 실무역량 평가 4차 면접	• 재학생은 2020년 8월 및 2021년 2월 졸업예정자로 2020년 하반기 중 입사 및 근무 가능한 분 • 공인 영어 성적이 TOEIC 800점, TOEFL (iBT) 88점, New TEPS 400점 이상자 (2018. 6. 3. 이후 취득한 성적에 한함) ※ 위 세 가지 이외의 영어 성적은 제출 불필요
	편집기자 (온·오프라인 통합 편집)			

출처: 한경미디어그룹

물론 〈한국경제〉(한경)와 〈매일경제〉(매경)에서 만든 종합 경제이해력 시험인 '한경 TESAT'과 '매경 TEST'라는 시험과목을 통과해야 하기 때문에 경제부 기자들이 일반 사람들보다는 경제 상식을 더 많이 알고 있을 것이다. 하지만 이 과목에서 만점을 받았다고 해서 경제 전문가로 보기에는 무리가 있다. 따라서 아무리 경제부 기자가 기사를 작성했더라도 무조건 사실로 받아들이지 말고 조심할 필요가 있다.

경제신문, 요령껏 읽고 요령껏 이득 보자

이렇듯 경제신문사의 특성을 파악하고 나면 읽어야 할 기사보다 읽지 말아야 할 기사가 더 많다는 것을 알게 된다. 공모주청약, 아파트 분양권, CEO 인터뷰, 펀드 상품, 증시 전망 등이 이에 해당한다. 이 중에서 증시 전망 기사의 경우에는 보통 증권사 리서치센터장들의 의견이 담기는데, 이들은 증시가 하락할 것 같아도 '기간 조정', '박스권 장세' 등의 유화된 표현을 사용하는 편이다. 왜냐하면 투자자들이 계속 주식시장에 머물러줘야 증권사도 수익을 낼 수 있기 때문이다.

신문을 읽는다는 것은 텍스트에 국한되지 않는다. 각 경제신문의 특징, 최대주주, 기사 작성 주체와 기사를 쓴 의도를 총체적으로 파악해서 입체적으로 읽는다면, 경제신문이야말로 우리가 사는 데 필요한 경제 지식을 확보할 수 있는 가장 쉽고도 중요한 정보의 바다가 되어줄 수 있을 것이다.

그럼에도
종이신문을
읽는 이유

신문은 '종이'에 실려야 무게가 드러난다

"종이신문과 디지털신문 중에서 어떤 거를 봐야 할까요?" 5년 동안 경제신문 읽기 강좌와 블로그를 운영하면서 가장 많이 받는 질문 중 하나다. 여기서 말하는 디지털신문이란 PC나 모바일로 쉽게 볼 수 있는 인터넷 기사가 아니라, 유료로 구독해서 보는 종이신문의 디지털 버전을 말한다. 참고로 종이신문 지면 그대로 모바일에서 똑같이 볼 수 있는 기능을 제공하는 곳은 〈매일경제〉(매경e신문)와 〈한국경제〉(모바일한경)밖에 없다.

종이신문과 디지털신문의 차이점은 결국 종이책이냐 전자책이냐의 차이점이다. 결론부터 말하자면, 누가 시키지 않아도 꾸준하게 경제신문을 읽는 습관이 잡히기 전까지는 종이신문으로 읽는 것을 추천한다. 스마트폰으로 언제 어디서나 경제 기사를 쉽게 접할 수 있게 된 요즘, 왜 새삼스레 종이신문을 읽어야 할까?

가장 큰 이유는 종이신문으로 어떤 기사가 얼마만큼의 비중을 차지하는지, 또 얼마나 중요한지를 가려낼 수 있기 때문이다. 종이신문에서는 기사가 어느 면에, 어느 정도의 크기로, 어떻게 배치되었는가를 한눈에 파악할 수 있다. 크게 배치된 기사일수록 우리가 꼭 알아야 하는 정보이고, 우리 생활에 직접적인 영향을 미치는 뉴스로 판단할 수 있다. 반면 인터넷이나 스마트폰은 기사의 중요도에 관계없이 모든 기사가 같은 크기의 폰트로 제목만 보여져 어느 기사가 중요한 것인지 판단하기 힘들다. 그러므로 이제 막 경제신문을 읽기 시작한 초보자라면 최소 1년 정도는 종이신문을 읽으면서 어느 기사가 중요한 정보를 담고 있는지 파악하는 시간을 갖는 것이 좋다.

시기와 순서에 따라 매체를 바꾸자

시작은 종이신문으로 하되 본인만의 상황에 맞게 여러 시행착오를 겪는 과정이 필요하다. 나는 처음 경제신문을 구독하기로 결심했을 때 1년간 종이신문을 꼼꼼히 보았다. 그 뒤 취업을 하면서 출퇴근길에 종이신문으로 읽기가 불편해 모바일신문 구독으로 갈아탔다. 그러다가 네이버 뉴스에서 무료로 제공하는 경제신문의 디지털 버전이 있다는 것을 알고 나서는 아예 모바일신문 구독도 끊었다.

처음에는 구독료를 아낄 수 있다는 생각에 즐거웠지만, 어느 순간 경제신문을 읽기 시작한 1년 전으로 돌아간 느낌을 받았다. 아무래도 모든 기사가 같은 크기의 폰트로 제목만 보여져 어떤 기사가 크게 주목받고 있는지 판별하기 어려웠고, 지출되는 비용도 없으니 읽어도 그만 안 읽어도 그만이라는 식의 마인드로 변질되어갔다. 특히 읽다가 누군가에게 메시지라도 오면 냉큼 가서 답장하느라 흐름이 끊기며 집중력과 몰입도가 떨어졌다. 그래서 다시 종이신문으로 돌아간 후 본래 목표를 상기시킬 수 있다.

다만 2년 차가 될 무렵에는 매체에 상관없이 어떤 기사를 읽어야 할지가 눈에 보이자 구독 자체를 아예 끊고, 지금은 네이버 뉴스에서 무료로 제공하는 경제신문 디지털 버전으로 대체하고 있다. 이렇듯 본인의 상황에 따라 달라질 수 있기 때문에 시행착오를 겪으며 나만의 매체를 찾는 것이 중요하다.

간혹 구독료가 아깝다는 핑계로 네이버 뉴스에서 무료로 제공하는 경제신문이나, 인터넷 기사로 시작하는 초보자들이 있다. 이런 사람들치고 경제신문을 꾸준히 읽는 사람은 한 사람도 보지 못했다. 아무 데서나 손쉽게 볼 수 있는 인터넷 기사는 중요도 높은 기사를 판별할 수 없을 뿐만 아니라 옆에 보이는 연예, 스포츠 관련 기사의 유혹을 이기기 힘들다. 실제로 경제 기사를 보려고 스마트폰을 켰지만, 정신 차리고 보면 전혀 상관없는 기사를 보고 있는 나를 발견한 경험이 왕왕 있지 않은가?

물론 종이신문이 너무 불편해서 오히려 습관으로 만드는 데 방해된다면 굳이 종이신문으로 시작할 필요는 없다. 다만 어떤 상황에서라도 변하지 않는 기준은 꾸준하게 읽을 수 있는 매체여야 한다는 것이다. 나의 경우에는 종이신문을 선택했을 때 디지털신문보다는 다소 불편했지만, 읽었을 때 집중력이 가장 좋아 꾸준하게 읽게 되었다. 그 시간이 없었더라면 지금처럼 기사 제목만 보고 읽어야 할 기사인지 아닌지 분별할 수는 없었을 것이다. 참고로 경제신문 모바일 버전과 디지털 버전을 찾는 경로는 다음과 같다.

- 경제신문 모바일 버전: 구글 플레이스토어 또는 애플 앱스토어에서 '매경e신문', '모바일한경' 검색
- 네이버 뉴스에서 무료로 제공하는 경제신문 디지털 버전: 네이버 뉴스 홈 〉 언론사 뉴스 〉 원하는 신문사 선택 〉 '신문 게재 기사만' 선택

어떤 신문사를 선택할까

종이신문 읽기로 결정했다면 그다음 가장 많이 받는 질문은 "어떤 경제신문을 읽어야 할까요?"이다. 경제신문은 어떤 기준으로 선택해야 할까?

보통 일반 종합신문은 본인의 정치적 성향과 반대인 신문을 읽어야 편향적인 생각을 방지할 수 있다고 알려져 있다. 본인이 만약 보수적인 편이라면 진보 성향이 있는 신문을 읽는 것이 좋고, 진보 성향이 있다면 보수 성향이 있는 신문을 읽는 것이다. 그러면 경제신문도 보수와 진보가 있을까? 경제신문사는 대체적으로 보수적인 성향이 강하지만, 보수와 진보로 명확하게 나누기가 애매하다. 경제신문사의 특성상 광고료를 주는 기업의 편을 드는 성향이 더 강하기 때문이다.

따라서 정치적 성향의 기준을 두고 경제신문사를 선택하기보다

는 대중적이면서도 양적 측면과 질적 측면에서 가장 퀄리티가 높은 경제신문을 고르는 게 합리적이다. 즉 경제신문의 메이저급인 〈매일경제〉와 〈한국경제〉를 추천한다. 이 두 신문이 경제신문 중에서 가장 짜임새가 좋고, 알찬 기사들로 구성되어 있다.

한경과 매경 가운데 고르라면

그렇다면 둘 중에 어떤 것을 읽어야 할까? 5년 동안 두 신문을 비교해서 읽어본 결과, '아무거나 하루빨리 읽으세요'라는 결론이 나왔다. 둘 모두 메이저 신문이기 때문에 양질의 기사가 담겨 있고 가격도 똑같다.

그럼에도 두 신문사를 꼭 비교해 보고 싶다면 편의점에서 같은 날짜에 발행된 〈매일경제〉와 〈한국경제〉를 각각 1부씩 구매한 다음, 1면에 실린 기사 중에 같은 이슈를 다루고 있는 기사 1개씩만 골라서 읽는다. 그래서 더 쉽게 다가오거나 비교적 잘 읽히는 신문을 선택하면 된다.

하지만 굳이 이렇게까지 하지 않아도 된다. 경제신문을 선택하는 데 많은 시간을 들이지 않았으면 한다. 단적으로 여러분들이 좀 더 호감이 가는 신문으로 선택해도 무방하다. 그래서 내게 누군가가 "한경과 매경 가운데 무엇부터 읽으면 되나요?"라고 물어 오면 나는 이렇게 대답한다. "가까이 있는 신문부터 읽으세요!"

다시 한 번 말하지만 무엇을 선택하든 하루라도 빨리 읽는 게 낫다.

경제신문,
쉽고 빠르게
핵심만
읽는 방법

경제 기사 읽기에도 스킬이 필요하다

초반에 경제 기사를 읽으면서 힘들었던 부분은 기사 1개를 읽는데 시간이 너무 오래 걸린다는 점이었다. 그래서 자연스럽게 어떻게 하면 기사의 핵심 내용을 놓치지 않으면서 빠르게 읽을 수 있을까를 고민하게 되었고, 그 답을 '기사의 구성'에서 찾을 수 있었다.

기사는 보통 '기사 제목+서브타이틀+핵심 내용 요약+세부 내용'으로 구성되어 있다. 서브타이틀은 기사의 핵심 내용만 요약해서 정리한 것으로, 이에 해당하는 내용을 기사 본문에서 '그림 찾기' 하듯이 읽으면 핵심 내용을 빠르게 파악할 수 있다.

보통 첫 번째 서브타이틀 내용은 기사의 첫 번째나 두 번째 문단에 있고, 두 번째 서브타이틀에 해당하는 내용은 기사의 중간 부분, 마지막 서브타이틀 내용은 기사의 마지막 문단 주변에서 쉽게 찾을 수 있다. 만약 서브타이틀이 아예 없을 경우에는 각 문단의 첫 문장

기사 제목, 서브타이틀, 핵심 내용 요약, 세부 내용으로 이루어진 기사의 구성

기사의 서브타이틀과 해당 내용 찾기 사례

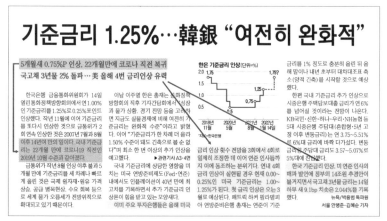

만 읽어도 핵심 내용을 빠르게 파악할 수 있다.

위의 신문 기사를 가지고 연습해 보자. 첫 번째 서브타이틀 내용('5개월새 0.75%P 인상, 22개월 만에 코로나 직전 복귀')은 기사의 첫 번째 문단 일

곱 번째 줄에서 찾을 수 있다. 두 번째 서브타이틀에 해당하는 내용('국고채 3년물 2% 돌파… 美 올해 4번 금리인상 유력')은 기사의 다섯 번째, 일곱 번째 문단에서 발견할 수 있다.

하지만 처음부터 쉽게 찾기는 힘들 것이다. 이럴 때는 특정 키워드나 숫자를 기준으로 잡으면 좀 더 쉽게 찾을 수 있다. 예를 들어 첫 번째 서브타이틀의 경우에는 '22개월', 두 번째 서브타이틀은 '국고채 3년물'과 '4번'이라는 기준을 잡고 찾으면 수월하다. 이렇듯 서브타이틀을 활용해서 읽으면 기사에서 전달하고자 하는 내용 중에서 핵심만 빠르게 파악할 수 있다. 더불어 내가 읽어야 할 기사인지 아닌지도 구분할 수 있다.

오늘부터 어떤 기사를 읽더라도 기사에 담긴 내용을 처음부터 끝까지 다 읽겠다는 욕심을 버려보는 것은 어떨까? 부담으로 가득 찼던 마음이 한결 가벼워질 것이다.

신문 기사도 구조화가 필요하다

기사의 핵심 내용을 파악했다면 이를 구조화하는 작업을 통해 기사 내용을 내 것으로 만드는 과정이 필요하다. 하지만 대부분 사람들은 요약을 위한 요약을 하느라 정리를 해도 기사 내용을 이해하지 못한다. 그렇다면 내 것으로 만드는 핵심 내용 구조화는 어떻게 하면 될까?

바로 'WHAT + WHY + HOW' 공식을 활용하면 된다. WHAT에는 기사에서 다루는 주제를 객관적인 사실 위주로 간략하게 작성하고, WHY에는 WHAT이 일어난 배경 및 이유를 적고, HOW에는 객관적인 사실에 대한 구체적인 근거나 전망, 주장, 의견, 상세 내용 등을 적되 핵심 내용 위주로 작성한다.

WHAT: 이런 일이 일어났다.
WHY: 이러한 이유 때문이라고 한다.
HOW: 구체적으로는 ~라는 내용이 있다.

앞에서 예로 든 기사를 구조화해서 정리하면 다음과 같이 정리될 것이다.

WHAT: 1월 14일 한국은행이 기준금리를 1.25%로 인상했다.
WHY: 국제 원자재 및 원유 가격 상승, 공급 병목현상, 수요 회복 등으로 세계 물가 오름세가 확대되고 있기 때문이다.
HOW: 이주열 한은 총재는 최소한 한 번 이상의 추가 인상을 예고했고, 올해 미국 금리인상 횟수는 4회로 전망된다.

이렇게 핵심 내용을 구조화해서 정리하면 기억에 오래 남을 수밖에 없고, 기사를 읽는 속도도 빨라진다. 다만 초반에는 이 작업이 익숙하지 않아서 어떤 내용을 넣어야 할지 어색할 것이다. 경제신문 스크랩 코칭을 진행하면서 수강생들이 특히 어려워했던 부분은 HOW였다. HOW에 어떤 내용을 넣어야 할지 모르겠다면, 서브타이틀에 해당하는 내용을 적는 것부터 시작하는 것을 추천한다. 그래도 어렵게 느껴지면 시간이 별로 없는 친구에게 설명해 준다고 생각하면서 한 줄씩 정리하면 핵심 내용을 깔끔하게 정리할 수 있다. 이 작업을 1년만 반복하면 나중에는 굳이 구조화해서 정리하지 않아도 기사 내용이 머릿속에 이미지처럼 그려질 것이다.

다만 주의할 점은 사실 내용 위주로 작성해야 한다는 점이다. 예를 들어 기사에 '한국은행의 기준금리 인상으로 주식시장이 공포에 떨고 있다'라는 내용이 있었다면, 핵심 내용 구조화에는 '한국은행이 기준금리를 인상했다'까지만 작성하는 게 현명하다. 주식시장이 공포에 떨고 있다는 것은 기자의 의견 및 해석이기 때문이다. 이렇듯 핵심 내용 구조화 연습을 반복하면 사실과 의견을 구분하는 능력도 키울 수 있다.

마지막으로 팁 한 가지를 알려주자면, 위 기사처럼 기준금리 관련 내용일 경우에는 중앙은행의 총책임자인 총재가 구체적으로 어떤 말을 했는지 핵심 내용 구조화에 담을 필요가 있다. 왜냐하면 현재 경기가 어떤지 파악할 수 있고, 향후 기준금리의 방향을 전망해 볼 수 있기 때문이다.

신문 읽기에도 단계가 있다

경제신문을 읽는 데에도 방법이 있다. 만약 그간 1면을 정독하다가 한두 장 넘겨보면서 관심 있는 기사가 보이면 집중해서 읽고 관심 없으면 그냥 넘기면서 눈에 띄는 기사를 취향대로 보았다면, 아마 정작 중요한 기사는 못 읽고 넘겨버렸을 가능성이 높다. 이런 잘

못된 읽기 습관은 노력은 노력대로 하면서도 경제를 읽는 눈이 성장하지 않는 결과를 가져온다. 중요한 기사를 선별하지 못하기에 주요 경제 뉴스를 놓치면서 성과가 나지 않는 악순환이 반복되기 때문이다. 이 굴레를 벗어나고 싶다면 '경제신문 지면 5단계 접근법'을 활용하자.

경제신문 지면 5단계 접근법

1단계: 1면에 있는 기사 1개 읽기

2단계: 1면 기사 모두 읽기

3단계: 1면+관심 있는 지면 기사 1개 읽기

4단계: 1면+관심 있는 지면 기사 모두 읽기

5단계: 1면+5개 지면(국제, 경제 및 금융, 산업, 증권, 부동산면)에서 기사 1개씩 추가해서 읽기

5단계 읽기 활용법

1단계는 1면에 있는 기사 중에서 가장 크게 실린 기사 딱 1개만 읽는 것이다. 왜냐하면 1면은 주요 이슈들의 축소판이기 때문이다. 즉 전날 있었던 주요 이슈들 중 가장 대표적인 기사들만 골라 담고

있어, 어떤 기사를 읽어야 할지 모르는 입문자들에게는 족집게 문제집과 같다. 1면에 주요 기사는 보통 4~5개 정도 올라오는데, 아무래도 하나의 좁은 지면에 선정한 주요 기사를 다 담아야 해서 기사의 중요도 순으로 면적과 위치가 결정된다. 이렇듯 신문 1면은 해당 신문사의 얼굴인 만큼 신문사의 정성이 가장 많이 들어간다.

다만 1면에 다 싣다 보니 핵심 내용만 압축하게 되어 전체 내용이 담긴 기사는 '▶관련기사 A3면'에 있다고 나온다. 이렇게 쓰여 있는 기사들은 1면에 있는 기사는 가볍게 읽고, 관련기사가 있는 지면으로 넘어가 전체 기사 내용이 담겨 있는 기사를 읽는 것을 추천한다. 그래야 다각적으로 이해할 수 있고, 가장 중요한 기사 1개를 깊이 있게 볼 수 있다.

기사 1개라도 제대로 보는 데 익숙해졌다면 2단계로 넘어가서 1면에 있는 기사를 모두 읽어보자. 다만 역시나 1면에 있는 모든 기사의 글자를 한 글자도 빠짐없이 정독하는 게 아니다. 1면에 있는 기사들의 제목과 서브타이틀만 읽으면서 깊게 읽고 싶은 기사에만 제목에 밑줄을 긋거나 나만의 표식을 남겨둔다. 그러고 나서 그 기사들만 서브타이틀에 해당하는 내용을 찾아보는 것을 추천한다. 이렇게 읽어야 '시간이 없어서 못 읽었다'라는 핑계와 멀어질 수 있다.

그다음에 여유가 된다면 3단계로 넘어가서 1면뿐만 아니라 평소에 본인이 관심 있는 분야와 관련된 다른 지면도 함께 읽는 것을 추천한다. 왜냐하면 경제신문을 읽을 때 가장 중요한 것은 내가 관심 있는 부분을 집중적으로 읽으면서 '재미'를 붙이는 것이기 때문이다. 재미가 붙으면 자연스럽게 궁금한 것들이 생기고, 스스로 질문을 만들며 답을 찾아가는 과정에서 본인만의 인사이트가 만들어진다. 여기서 포인트도 다 읽는 게 아니라 가장 큰 기사 하나만 골라서 읽는 것이다. 예를 들어 주식 투자자라면 증권면에 있는 기사 중에서 가장 큰 기사 하나부터 시작하면서 재미를 붙이길 바란다.

여기에 익숙해지면 4단계로 넘어가서 증권면에 있는 다른 기사들도 읽으며 하나씩 개수를 늘려가 보자. 다만 다른 지면 1개만 골라보는 시간은 한 달이면 충분하다. 그 이상 이렇게 계속 한 분야만 읽다 보면, 시야가 좁아지고 다른 경제 현상과 연결해서 생각하는 사고의 폭을 넓힐 수 없다.

이렇게 읽다가 습관으로 완전히 자리 잡히면 5단계로 넘어가서 1면에 있는 모든 기사와 경제신문의 핵심 지면인 '국제, 경제 및 금융, 산업, 증권, 부동산면'에서 가장 큰 면적을 차지하는 기사를 한 개씩 골고루 챙겨보자. 바로 이때부터 다른 지면에 있는 기사들끼리 연결해서 생각하는 재미를 알게 될 것이다.

정리하자면 핵심 포인트는 초반에 1면만 제대로 읽고, 1면이 쉽게 읽히기 시작하면 다른 지면을 1개씩 늘려가야 경제신문과 오래오래 친하게 지낼 수 있다는 것이다.

투자 아이디어를
얻는 가장
쉬운 방법

투자 인사이트는 스크랩에서 만들어진다

앞에서 말한 독법 스킬만으로는 중요한 정보만 정리하는 정도일 뿐 경제신문을 읽고 인사이트를 얻기에는 한계가 있다. 결국 스크랩을 통해 반복적으로 나만의 인사이트를 쌓아야 실제 투자에 적용할 수 있는 역량을 기를 수 있다.

아마 초등학교 때 신문 스크랩을 한 번씩은 해본 경험이 있을 것이다. 그 당시 대부분 사람들은 요약에만 시간을 많이 들이고, 내 생각은 한두 줄 정도만 쓰고 끝냈을 것이다. 그리고 뒤돌아서면 어떤 내용이었는지 기억도 나지 않는다. 이제 스크랩을 위한 스크랩은 그만하고 투자에 적용하기 위한 스크랩을 하자.

먼저 앞에서 설명한 '경제신문 지면 5단계 접근법'에 따라 스크랩할 기사를 선정한다. 그런 다음 스크랩을 하는 데 쓸 시간을 적절히 산정해서(최대 30분) 타이머를 설정한다. 마지막으로 스크랩을 마첬을 때 시간이 오버됐는지 맞아떨어졌는지를 체크한다.

자, 그럼 이제 스크랩할 기사를 골랐다면 세부적으로 다음 순서에 맞춰 내용을 채우면 된다.

경제신문 스크랩 4단계

1단계: 핵심 내용 구조화

2단계: 모르는 용어 정리

3단계: 질문 1개

4단계: 투자에 적용할 점 1개

정리를 위한 용어 정리는 그만

핵심 내용을 구조화하는 방법은 앞서 언급했으니 모르는 용어부터 어떻게 정리하고 작성해야 하는지 구체적으로 살펴보자. 경제신문을 지루하게 만드는 가장 큰 요인은 무엇일까? 바로 어려운 '용어'다. 용어가 낯설고 어렵기 때문에 해석이 안 돼서 읽다가 포기하는 사람들이 많다. 하지만 낯선 용어를 계속 피하기만 하면 더 이상의 발전은 없다. 그러면 어떻게 해야 어려운 용어와 친해질 수 있을까?

그 전에 기존에 본인이 정리하던 방식을 생각해 보자. 보통 사람들은 모르는 용어를 정리할 때 인터넷 검색을 통해 나오는 백과사전의 정의를 그대로 복사해서 붙여넣기만 하는 식으로 정리한다. 즉 어떤 의미인지 이해하기 위한 정리가 아닌, 일단 스크랩의 빈칸을 채우기 위한 정리를 한다. 처음에는 어려우니까 한두 번 그럴 수는 있어도, 결국 머릿속에 남지 않고 그저 텍스트로만 남게 된다. 그러면 어떻게 해야 내 것으로 만드는 용어 정리를 할 수 있을까?

첫째, '네이버 시사상식사전'을 활용하자. 네이버 시사상식사전은 일반 사전과 달리 말랑말랑하게 설명해서 이해하기 쉽게 쓰어 있고, 해당 용어와 관련된 사례도 있어서 단순히 정의를 이해하는 것을 넘어 사고가 확장된다.

둘째, 용어를 이해하는 데 너무 많은 시간을 할애하면 안 된다. 왜냐하면 모르는 용어를 처음부터 완벽하게 이해하려고 많은 에너지를 쓰면, 다음 단계인 '질문하기'에서 힘을 쓸 수 없기 때문이다. 낯선 용어는 한 번에 이해하려고 애쓰지 말자. 시간을 갖고 보일 때마다 반복해서 여러 번 친해지는 시간을 갖는 게 더 효율적이다.

셋째, 복사해서 붙여넣기를 하지 말고 나만의 언어로 재정리하자. 처음부터 100% 이해하지 못해도 괜찮다. 이해되는 부분만이라도 내가 보기에 쉽게 이해되는 나만의 언어로 재정리하는 작업이 필요하다. 머릿속에서 이 작업을 거치는 횟수가 많아야 다음 단계로 넘어가는 데 시간을 단축시킬 수 있다. 내 것으로 만든 용어가 많아질수록 자신감이 붙어 질문하기 단계에서 느끼는 부담감이 줄어들기 때문이다. 이 밖에도 관련 있는 다른 용어도 찾아보고 해당 용어와 관련된 다른 기사도 찾아보는 시도가 필요하다.

'질문하기'로 사고 확장하기

경제 기사를 읽고 투자에 적용하는 내공은 결국 질문과 생각의 힘에서 나온다. 질문을 하면 답을 찾고 싶어지고, 그 답과 투자에 적용할 점을 연결하면서 투자 인사이트가 만들어진다. 하지만 많은 사람들이 질문하기 단계를 어려워한다. 어떤 질문을 해야 할지도 잘 모르고, 뭔가 대단한 질문을 해야 될 것 같은 부담감을 갖기 때문이다. 그렇다면 질문은 어떻게 해야 할까?

본질로 돌아가보자. 질문을 왜 해야 할까? 사고를 확장시키기 위해서? 좀 더 솔직하게 생각해 보면 결국 투자에 적용하기 위한 아이디어를 얻기 위해서다. 하지만 바로 투자에 적용할 점을 찾으라고 하면 찾을 수 없다. 기사에서 다루는 내용이 시장에 어떤 영향을 미치는지, 어떤 연결고리를 갖고 있는지 파악하는 질문부터 시작해야 투자에 적용할 수 있다.

질문 방향은 크게 '내부'와 '외부', 두 가지로 나뉜다. 내부와 관련해서 질문하는 방법은 나에게 미칠 영향에 대해서 생각해 보는 것이다. 예를 들면 '해당 이슈가 나에게는 어떤 영향을 미칠까?' '내가 속한 업종에는 어떤 영향을 미칠까?' 등이 여기에 해당한다. 외부와 관련해서 질문하는 방법은 내가 아닌 밖으로 눈을 돌려 질문해 보는 것이다. 예를 들면 '해당 이슈가 다른 산업에는 어떤 영향을 미칠까?' '해당 이슈가 다른 나라에는 어떤 영향을 미칠까?' 등이 될 수 있다. 이 둘의 차이를 한눈에 비교하기 위해 '금리인상' 이슈를 예로 들면 다음과 같다.

내부 질문 방향: 금리인상이 현재 변동금리로 받은 전세보증금 대출에 어떤 영향을 미칠까? 고정금리로 갈아타야 할까?

외부 질문 방향: 금리인상이 은행 업종에 미치는 영향은 무엇이 있을까?

이 밖에도 다음과 같은 질문을 통해 사고를 확장시킬 수 있다.

• 나의 재정 상황과 연결할 수 있는 내용은 무엇인가?
• 기사 내용을 내가 속한 업종에 어떻게 적용해 볼 수 있을까?
• 기사의 핵심 주장에 대한 근거는 무엇인가?
• 기사 속에 숨겨진 의도는 무엇인가?
• 수혜 기업 및 산업은 어디인가?
• 해당 이슈에 경쟁사는 어떤 대응을 취하고 있는가?
• 해당 이슈가 내가 관심 있는 산업에 미칠 영향은 무엇인가?

참고로 '의심하는 질문'도 중요하다. 왜냐하면 경제신문은 앞서 언급한 것처럼 진짜 고객인 기업 편을 들 수밖에 없기 때문이다. 특히 한쪽 의견만 지지하는 편향적인 기사의 경우에는 반대 의견이 담긴 기사를 찾아보는 자세를 갖는 것도 중요하다.

또한 질문에 대한 답을 꼭 찾지 않아도 되니 부담감은 내려놓자. 처음에는 질문을 만드는 것만으로도 힘들게 느껴지기 때문에 시간이 남으면 찾아보고 아니면 말고라는 식의 마인드로 가볍게 만들어 보자. 자연스럽게 질문에 대한 답을 찾고 싶은 마음이 들 때 해도 늦지 않다.

물론 장기적으로는 질문에 대한 답을 찾아가는 연습을 많이 할수록 경제신문과 더 빨리 친해질 수 있다. 질문에 대한 답을 찾아볼 때는 키워드를 정하고 검색하면 빠르게 찾을 수 있다. 예를 들어 '금리 상승이 은행 업종에 미치는 영향은 무엇이 있을까?'라고 질문했다면 '금리 상승 은행 영향'이라는 키워드를 정하고 검색하면 관련 자료를 쉽게 찾을 수 있다.

다만 이때 개인 블로그에 담긴 정보보다는 신문 기사, 정부 및 기업의 발표 자료, 전문가의 분석 자료 등을 위주로 찾아보는 게 좋다. 그래야 개인의 의견이 아닌 사실에 초점을 맞춘 자료를 통해 정확한 정보를 구할 수 있기 때문이다. 참고로 네이버보다 구글에서 검색하면 양질의 자료를 더 많이 찾을 수 있다.

읽기는 결국 투자에 적용하기 위해서다

책을 많이 읽었다고 해서 인생이 변하지 않는 것처럼 경제신문을 읽기만 해서는 경제적 상황이 변하지 않는다. 정말로 내가 원하는 경제적 목표에 도달하기 위해서는 결국 내가 스스로 행동해야 한다. 그 행동의 시작을 스크랩의 마지막 단계인 '투자에 적용할 점 찾기'에서 할 수 있다. 하지만 많은 사람들이 이 단계를 가장 어려워한다. 어떻게 하면 쉽게 접근할 수 있을까?

가장 쉬운 방법은 '수혜 기업 및 산업은 어디일까?'를 질문해 보는 것이다. 이 작은 질문 하나만으로도 궁금해서 찾고 싶어질 것이다.

바로 이 찾고 싶은 마음을 그대로 적용할 점에 넣으면 된다. 예를 들어 2차전지 관련 기사를 스크랩했다면 적용할 점으로 '2차전지 관련주 찾아보기'가 될 수 있다. 어떤 섹터나 업종에 관련된 주식을 찾을 때는 관련 ETF를 찾아보는 게 가장 쉽다.

ETF란 펀드를 주식처럼 쉽게 사고팔 수 있는 상품인데, 비슷한 성격을 가진 주식끼리 묶어놓았기 때문에 해당 ETF를 구성하고 있는 종목만 봐도 어떤 주식이 관련주인지 쉽게 파악할 수 있다. 이 밖에도 찾고자 하는 기업의 최근 분기 실적 재무제표 살펴보기, 최대주주 찾아보기, 홈페이지 들어가보기, 사업보고서 읽어보기, 해당 기업의 제품 사용해 보기 등도 투자에 적용할 점이 될 수 있다.

이렇듯 실제로 투자를 하는 것만이 투자에 적용할 점이 될 수 있는 것은 아니다. 투자를 하기 전 자료조사 역시 투자에 적용할 점이 될 수 있다. 심지어 아직 주식계좌가 없다면 '주식계좌 만들기'가 적용할 점이 될 수 있다. 그러니 너무 어렵게 생각하지 말고 한 걸음씩 내딛는다는 마음으로 정말 작은 실천을 한 가지만 생각해 보자.

기본이 없으면 응용도 없다

경제신문 읽는 법을 강의할 때마다 수강생들에게 "경제신문 스크랩 4단계 중에서 가장 중요한 단계가 무엇일까요?"라고 물어보면 사람들은 대부분 4단계라고 대답한다. 하지만 정말 중요한 것은 1단계와 2단계다. 5년 넘게 스크랩을 하면서 1단계와 2단계가 어느 정도 해결되자 기사 읽는 게 전혀 어렵지 않았고, '질문'과 '투자에 적용할 점' 찾기가 너무나도 쉬워지는 경험을 했다. 특히 2단계에서 모르는 용어와 관련된 용어, 다른 사례 등을 연결하는 작업을 할수록 확장 속도는 더욱 빨라졌다. 그러니 1단계와 2단계를 가볍게 생각하지 말자. 핵심 내용을 파악하지 못하면 꾸준하게 읽을 수 있는 동력을 잃어버리게 되고, 용어에서 막히면 매일 똑같은 질문만 하게 될 것이다.

경제신문
스크랩 4단계
실전 연습

4단계 구조화 연습

실제 경제신문 스크랩 4단계는 어떻게 하면 좋은지 알아보자.

엑슨모빌 "2050년 탄소중립"

미국 정유회사 엑슨모빌이 2050년까지 사업장에서 이산화탄소의 실질적 배출량을 제로(0)로 만드는 탄소중립을 실현하겠다고 18일(현지시간) 발표했다. 하지만 범위 설정에 소극적이라는 비판이 일고 있다.

엑슨모빌은 자사의 전 세계 원유 정제시설, 화학제품 생산공장 등에서 발생하는 이산화탄소를 감축하겠다는 내용의 성명을 이날 발표했다. 앞으로 2년 동안 구체적인 방법을 내놓고 2050년까지 실질적 탄소 배출량 제로를 이루겠다는 목표다. 스코프 1(직접적인 탄소 배출)과 스코프 2(간접적인 탄소 배출)단계에서 탄소중립을 실현하겠다고 했다.

하지만 엑슨모빌의 발표를 살펴보면 진정성이 떨어진다는 분석도 나온다.

엑슨모빌의 탄소 배출량에서 가장 비중이 큰 스코프 3(제품 사용, 운송 등에서의 탄소 배출)단계에 대한 언급이 전혀 없기 때문이다. 2020년 스코프 3단계에서의 탄소 배출량은 5만 4,000t으로, 스코프 1과 2 합산 배출량의 다섯 배였다. 브리티시페트롤리엄(BP), 옥시덴탈, 로열더치셸 등 다른 정유사는 스코프 3까지 포괄하는 탄소중립 계획을 갖고 있다.

엑슨모빌은 주주로부터 기후변화 대응에 더 적극적으로 나서라는 압박을 받아왔다. 친환경 대책을 요구하는 주주의 지지를 받은 헤지펀드 엔진넘버원은 지난해 5월 주주총회에서 엑슨모빌 이사회 세 자리를 차지하기도 했다. 이후 엑슨모빌은 탄소배출 감축에 6년 동안 150억 달러 투자, 미 텍사스주 퍼미안 분지에 있는 셰일오일 생산지에서의 탄소중립 실현 계획 등을 발표했다.

이날 뉴욕증권거래소(NYSE)에서 엑슨모빌 주가는 전날보다 1.68% 오른 73.08달러로 마감했다. 엑슨모빌 주가는 최근 1년 동안 49% 상승했다.

– 이고운, 〈한국경제〉, 2022. 1. 19.

1단계: 핵심 내용 구조화

- WHAT: 미국 정유회사 엑슨모빌이 2050년까지 사업장에서 이산화탄소의 실질적 배출량을 제로(0)로 만드는 탄소중립을 실현하겠다고 18일(현지시간) 발표했다.
- WHY: 엑슨모빌은 주주로부터 기후변화 대응에 더 적극적으로 나서라는 압박을 받아왔다.
- HOW: 하지만 엑슨모빌의 발표를 살펴보면 진정성이 떨어진다는 분석도 나온다. 엑슨모빌의 탄소 배출량에서 가장 비중이

큰 스코프 3단계에 대한 언급이 전혀 없기 때문이다.

2단계: 모르는 용어 정리
- 엑슨모빌: 미국의 정유회사로 석유 및 천연가스 시추 및 판매가 주력
- 탄소중립: 개인, 회사, 단체 등에서 배출한 이산화탄소를 다시 흡수해 실질적인 배출량을 0으로 만드는 것(관련 용어: 2050 탄소중립 추진 전략, 탄소배출권)
- 스코프: Scope, 유효범위(관련 용어: Scope1, Scope2, Scope3)

3단계: 질문 1개
'탄소중립의 수혜 기업 및 산업은 어디일까?'

4단계 : 투자에 적용할 점
탄소중립으로 인해 수요가 몰리는 탄소배출권에 투자하는 방법 찾아보기

어떤 이슈이든 1단계에서 핵심 내용을 구조화한 다음에 키워드를 잡으면 스크랩 방향이 좀 더 명확해진다. 여기서 키워드는 '탄소중립'으로 잡을 수 있다. 탄소중립이라는 용어를 잘 모른다면 2단계에서 정리하고, 탄소중립을 이해했으면 왜 전 세계가 탄소중립에 매달리지는지 알게 될 것이다. 이렇듯 2단계를 통해 용어에 대해서 이해하고 나면 다음 3단계인 질문하기는 쉬워진다.

앞서 안내한 방법을 그대로 적용해 보면 '탄소중립으로 수혜를 받는 산업 및 기업은 어디일까?'라는 질문을 할 수 있고, '탄소중립 수혜'라는 키워드로 검색을 하면 '탄소배출권(지구온난화 유발 및 이를 가중시키는 온실가스를 배출할 수 있는 권리)'이 나온다. 배출권을 할당받은 기업들은 할당 범위 내에서만 온실가스를 배출할 수 있고, 부족한 배출권은 시장에서 구매해야 한다. 그런데 너도나도 구매하려는 수요가 많아져 탄소배출권 가격이 오르고 있다.

그러면 마지막 4단계 투자에 적용할 점에서 '탄소배출권에 투자하는 방법 찾아보기'를 정하고, 검색하면 '탄소배출권 ETF'를 통해 개인도 쉽게 주식처럼 투자할 수 있다는 점을 알 수 있다.

자, 어떤가? 생각보다 쉽지 않은가? 길게 작성할 필요도 없고, 거창할 필요도 없다. 한 단계씩 차근차근히 접근하면 나와는 관련 없어 보이는 기사에서도 투자 아이디어를 얻을 수 있다. 결국 경제신문 스크랩 4단계는 모두 연결되어 있고, 이 연결고리를 찾을수록 경제신문 스크랩을 통해 투자 아이디어를 얻을 수 있다.

경제신문 스크랩에 적당한 시간은 얼마나 될까

우선 앞에서 알려준 방법으로 스크랩할 기사를 1개 선정한다. 그 다음에 바로 타이머를 준비한다. 내가 5년 넘게 꾸준히 경제신문을 읽을 수 있었던 것은 바로 타이머 덕분이다. 초반에 타이머를 맞춰서 정해진 시간 안에 읽으려는 습관을 들였기 때문에 기사의 핵심 내용을 파악하는 게 빨라졌고, 세월아 네월아 읽지 않게 되었다.

그렇다면 시간을 몇 분으로 하면 좋을까? 여러 가지 시간을 시도해봤는데, 15~30분이 가장 부담스럽지 않고 적당한 시간이라는 것을 발견했다. 실제로 《자기주도학습 실전 로드맵》(전동민·서장민 저, 지상사, 2011)에 따르면 집중력은 공부를 시작하고 약 5분 정도 지난 뒤에 최대가 되고, 약 20분간은 높은 수준으로 유지된다. 그러다가 20~30분 정도 지나면 절반 이하로 떨어지고, 40~50분 정도에 가장 낮은 수준의 상태가 된다. 따라서 습관으로 완전히 자리 잡히기 전에는 최대 30분으로 설정하는 것을 추천한다. 물론 하다 보면 재미있고 더 알고 싶어져서 1시간을 넘기는 경우도 종종 있다. 이런 경우에는 횟수를 일주일에 한두 번으로 제한하는 게 좋다. 매일 1시간 넘게 스크랩에 매진하면 쉽게 지치기 때문이다.

한 달, 하루 30분이면 충분한 배분 법칙

한 달 동안 30분을 기준으로 시간을 분배한다면 다음과 같이 나눌 수 있다. 경제신문 스크랩 4단계를 모두 작성하되, 시간이 지날수록 다음 단계에 더 많은 시간을 할애하는 게 핵심이다.

- 1단계(1주차): 핵심 내용 구조화(15분)+모르는 용어(5분)+질문 1개(5분)+투자에 적용할 점 1개(5분)
- 2단계(2주차): 핵심 내용 구조화(5분)+모르는 용어(15분)+질문 1개(5분)+투자에 적용할 점 1개(5분)
- 3단계(3주차): 핵심 내용 구조화(5분) + 모르는 용어(5분)+질문 1개

(15분)+투자에 적용할 점 1개(5분)
- 4단계(4주차): 핵심 내용 구조화(5분)+모르는 용어(5분)+질문 1개(5분)+투자에 적용할 점 1개(15분)

처음 일주일은 핵심 내용을 구조화하는 데 가장 많은 시간을 할애해야 한다. 이때 모르는 용어는 넘어가도 괜찮다. 일단 경제 기사에서 말하고자 하는 핵심 메시지를 읽을 줄 알아야 어떤 용어를 공부해야 하는지 걸러낼 수 있기 때문이다. 다음 2주차에는 모르는 용어에 가장 많은 시간을 투자해 보자. 경제 기사 내용을 구조화하다 보면 반복되는 용어가 있다. 그 용어들을 중심으로 정리해야 경제 신문을 읽을 때 중요한 용어를 빠른 시간 안에 습득할 수 있다.

다음 3주차에는 질문하기에 초점을 맞춰보자. 질문이 너무 어렵다면 모르는 용어와 관련해서 질문을 만들면 된다. 다만 질문이 생각나지 않을 경우에는 스트레스 받지 말고 쿨하게 넘기자. 당연히 처음에는 어려우니 질문 만들기가 쉽지 않을 것이다. 그러니 전전긍긍하며 매달리지 말고 '내일 스크랩에서 다시 도전하자!'라는 마인드로 가볍게 넘기자. 마지막으로 4주차에는 투자에 적용할 점을 더도 말고 덜도 말고 딱 1개만 찾아보는 데 집중해 보자.

이렇게 한 달만 이 과정을 거치면 무턱대고 스크랩을 했을 때보다 재미도 있고, 체계적으로 공부한다는 느낌을 받을 수 있다. 다만 30분이라는 시간은 절대적인 기준이 아니니 본인한테 맞게 탄력적으로 적용해 보자.

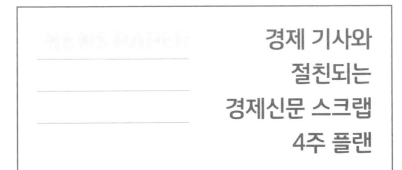

경제 기사와
절친되는
경제신문 스크랩
4주 플랜

반복만이 최선이다

"언제쯤이면 경제 기사가 좀 편하게 읽힐까요?" 이런 질문도 경제 신문 스크랩 코칭을 진행하면서 많이 받는 질문이다. 나는 이 질문에 이렇게 대답한다. "처음 한 달 동안 얼마나 전략적으로 꾸준하게 스크랩을 반복하는지에 따라 시간을 단축시킬 수 있습니다."

경제신문 읽기를 시작하는 처음 한 달이 얼마나 중요한지 잘 모르고 일단 구독부터 신청하는 사람들이 많다. 처음 한 달을 전략적으로 접근하지 않으면 '경제신문은 나랑 안 맞네'와 같은 결과가 나타난다. 그렇다면 어떻게 해야 한 달 동안 알차게 읽을 수 있을까? 이에 대한 해답으로 나는 '경제신문 스크랩 4주 플랜'을 제안한다.

경제신문 스크랩 4주 플랜

〜〜〜〜〜〜〜〜

1주: 1면+핵심 내용 구조화(15분)+모르는 용어(5분)+질문
1개(5분)+투자에 적용할 점 1개(5분)

2주: 경제면 또는 금융면+핵심 내용 구조화(5분)+모르는 용
어(15분)+질문 1개(5분)+투자에 적용할 점 1개(5분)

3주: 국제면 또는 산업면+핵심 내용 구조화(5분)+모르는 용
어(5분)+질문 1개(15분)+투자에 적용할 점 1개(5분)

4주: 증권면 또는 부동산면+핵심 내용 구조화(5분)+모르는
용어(5분)+질문 1개(5분)+투자에 적용할 점 1개(15분)

챙겨 봐야 할 지면은 따로 있다

경제신문에서 필수로 챙겨 봐야 할 지면은 1면과 경제, 금융, 국제, 산업, 증권, 부동산면이다. 하지만 입문자가 처음부터 이 모든 지면을 한꺼번에 챙겨 보면 과부하에 걸린다. 따라서 한 지면씩 늘려가며 읽기를 권장한다. 처음에는 어떤 기사를 어떻게 읽어야 할지 모르기 때문에 1면에서 경제의 주요 이슈를 구조화하는 데 시간을 써보라.

그다음 2주 차에는 경제면과 금융면 기사에 있는 낯선 용어를 중

심으로 스크랩해 보자. 경제면과 금융면을 2주 차에 넣은 이유는 다른 지면에 비해 그나마 친숙한 지면이기 때문이다. 은행 통장을 개설해본 경험 정도만 있어도 내용을 이해하는 데 큰 어려움이 없는 기사들 위주로 실리기 때문에 1면 다음으로 도전해 보기 좋은 지면이다.

3주 차에는 난이도를 올려 국제면과 산업면에 있는 기사를 골라 스크랩한다. 산업은 결국 기업들로 이루어져 있고, 국제면에 있는 이슈는 기업에게 영향을 미친다. 이렇듯 국제면과 산업면은 떼려야 뗄 수 없는 사이이기 때문에 어떤 연결고리가 있는지를 중심으로 살펴보며 질문 만들기에 적합하다. 따라서 이때 '질문하기' 연습에 집중하는 것을 추천한다.

마지막 4주 차에는 증권면이나 부동산면 둘 중에 하나를 골라 투자에 적용할 점을 찾는 데 집중하는 시간을 갖는다. 이렇듯 투자와 직결되는 증권면과 부동산면은 가장 나중에 읽는 것을 추천한다. 경제 이슈는 모두 연결되어 있어서 앞에서부터 차근차근 접근하면서 여러 가지 요소를 함께 고려한 후 투자 결정을 내리는 것이 현명하기 때문이다. 즉 거시적인 흐름을 먼저 파악한 후 주식시장과 기업에 미치는 영향, 부동산시장과 경제 상황 등을 연결해서 읽어야 현명한 투자자가 될 수 있다.

다만 위에 제시한 4주 플랜은 가이드일 뿐 정답이 아니니, 유동적으로 스크랩할 기사를 선정하면 된다. 또한 선정한 기사에 따라 시간 할애를 더 하고 싶은 단계가 달라질 수 있다. 예를 들어 증권면에서 투자에 적용할 점을 아직 찾기 힘들다면, 우선 모르는 용어에 집중하면서 친해지는 시간을 가져보는 게 좋다.

하지만 단지 경제 교양을 쌓기 위해서라면 굳이 이렇게까지 공부할 필요는 없다. 하지만 투자자라면 경제신문에서 읽은 내용이 시장에 어떤 영향을 미칠지 스스로 해석할 줄 알아야 한다.

경제신문 읽기
고수되는
꿀팁

지난 신문은 과감하게 버리고, 주말엔 쉬자

경제신문을 읽지 못한 날이면 일단 쌓아두는 사람들이 많다. '내일 읽어야지…. 주말에 읽어야지…'라는 생각으로 날짜가 지난 신문을 1~2개씩 쌓다 보면 어느새 산처럼 쌓여 있는 신문을 발견하게 된다. 쌓아둔 신문이 계속해서 눈에 보이면 부담스러워지고 경제신문이 싫어진다. 따라서 지난 신문을 쌓아두면 부담감도 함께 쌓인다.

신문 자체는 이미 유통기한이 지난 식품과 같다. 이미 일어난 사건을 다루기 때문이다. 유통기한이 지난 식품을 먹으면 탈이 나듯이, 지난 신문을 쌓은 후 몰아서 다 챙겨 보려고 하면 마음에 탈이 난다. 그러니 돈이 아깝다고 생각하지 말고 지난 신문은 과감하게 버리자.

경제신문 코칭을 진행하면서 수강생분들이 가장 많이 했던 말 중 하나는 "주말에 이틀 쉬는 게 얼마나 큰 위로가 되는지 몰라요"다.

토요일에도 신문이 나오지만, 코칭 과정에서 주말에는 경제신문을 읽지 않도록 했다. 스마트폰도 충전이 필요하듯이 우리의 머리도 충전하는 시간이 필요하기 때문이다.

경제신문을 읽는 것은 마라톤과 같다. 초반에 호흡 조절을 안 하고 무리해서 달리면 지쳐서 완주하기가 힘들어지는 것처럼 경제신문 읽기도 휴식 조절을 안 하면 지친다. 지치는 순간 신문은 순식간에 쌓이고, 쌓이는 순간 읽고 싶지 않아진다. 그러니 입문자라면 주말에는 경제신문을 읽지 않는 것을 추천한다. 어차피 주말에 언급된 경제 기사는 업데이트되어서 월요일에 또 나온다.

또 한 가지, 경제신문 읽기는 편식이 필수이다. 경제신문을 읽다가 쉽게 지치는 이유 중 하나가 정독하려고 하기 때문인데, 마치 새 책을 사면 다 읽어야 하는 부담감을 느끼는 것처럼 말이다. 경제신문 또한 정독에 대한 부담감을 가진 사람들이 많다. 부담감은 잠시 내려놓고 관심 있는 지면만 편식하면서 경제신문과 친해지는 시간을 가져야 한다. 만약 내가 부동산 투자자라면 부동산면을 집중해서 읽는 것도 하나의 방법이 될 수 있다.

가위와 풀은 이제 그만

종이신문을 오리고 노트에 풀로 붙이는 아날로그 방식으로 경제신문 스크랩을 시작하는 분들이 많다. 이렇게 해서 경제신문 읽기를 습관으로 만든 사람은 본 적이 없다. 오리고 붙이고를 반복하며 제풀에 지쳐 그만두는 사람들이 태반이다. 과거에는 나도 이 중 한 사람이었다.

스크랩은 아날로그 방식보다 디지털 방식을 추천한다. 디지털 방식으로 하는 스크랩의 가장 큰 장점은 반복되는 경제 현상을 모을 수 있고, 과거 스크랩을 보면서 미래 흐름을 예상하는 데 도움이 된다는 점이다. 여기서 말하는 디지털 방식이란, 디지털로 기록하는 모든 방식이 해당한다.

예를 들어 환율이 올랐다는 기사를 스크랩한다고 가정해 보자. 기사를 읽고 난 후 스크랩을 하기 전에 그동안 기록해온 과거 스크랩 자료에서 환율을 다룬 스크랩을 찾아본다. 찾은 후에 이번 환율 기사에 대입해 보자. 저번에는 환율의 흐름으로 어떤 변화가 있었는지, 이를 토대로 이번에는 어떤 흐름을 보일지 예측해 볼 수 있다.

다만 이렇게 활용하려면 블로그나 노션 등과 같은 검색 기능이 갖춰진 플랫폼을 사용할 것을 추천한다. 스크랩을 꾸준히 하다 보면 방대한 자료가 쌓이기 때문이다. 검색 기능이 없다면 하나하나 찾아야 하지만, '환율'이라는 키워드만 검색하면 과거 자료를 쉽게 찾을 수 있다.

경제 기사 내용이 이해가 안 될 때 대처법

경제신문 스크랩 코칭을 하면서 경제 기사 내용이 이해가 안 된다며 어디서부터 어떻게 해석해야 하는지에 대한 어려움을 호소하는 문의를 많이 받는다. 이해가 안 되는 경우는 크게 두 가지다. 모르는 용어가 많거나 용어를 알아도 인과관계나 상관관계를 이해하지 못해서다. 이런 어려움도 한두 번이어야지, 계속해서 이해가 안 되면 결국 경제신문 읽기를 포기하게 된다. 대처할 수 있는 방법이 없을까? 있다. 바로 끊어서 읽으면 쉽게 해석할 수 있다. 수능 문제에서 영어 지문을 풀 때 '주어, 서술어, 목적어'를 끊어서 공부했던 경험을 그대로 적용하면 된다. 좀 더 자세한 방법을 실제 예시로 설명하겠다.

1,806조 가계빚 뇌관·물가 경고음에…美보다 앞서 금리인상

◆ 미국 금리인상 선제 대응

한국은행 금융통화위원회가 26일 기준금리를 0.25%포인트 인상했다. 미 테이퍼링(자산매입 축소) 움직임이 본격화하기 전에 먼저 대응해야 한다는 압박감이 컸다. 시장에서는 제롬 파월 미국 연방준비제도 의장이 27일 밤(한국 시간) 잭슨홀 심포지엄에서 테이퍼링 시점과 관련한 입장을 내놓을 것으로 보고 있다. 한은은 잭슨홀 이벤트 전에 선제적으로 금리를 올려 미국 정책금리와 격차를 유지하며 자본 유출 위험을 최소화할 필요성을 느낀 것으로 해석된다. 최근 자본시장에서는 테이퍼링 전망에 외국인이 국내주식을 집중 매도하면서 주가가 하락하고 원화값이 급락했다. 이 총재는 지난 5월 "금리인상을 미뤘다가 미국이 할 때 따라가면 금융 불균형 문제가 생길 수 있다"며 미국을 뒤따르지 않고 '마이웨이'를 걷겠다고 선언한 바 있다.

– 김정환, 〈매일경제〉, 2021. 8. 26.

위 기사는 실제로 수강생들에게 스크랩하기 좋은 기사로 추천했던 기사로, 2021년 8월 26일에 한국은행이 기준금리를 0.5%에서 0.75%로 인상한 배경을 설명해 주는 내용을 다루고 있다. 수강생 A는 기사 내용 중에서 위 문단이 통째로 이해가 안 된다고 했다. 이런 경우에는 한 문장씩 쪼개서 아래 순서에 맞춰 차근차근히 접근해야 한다.

문단 전체가 이해가 안 될 때 접근 방법

개별 문장이 아니라 문단 전체가 이해가 안 될 때는 다음의 순서대로 문장을 단계별로 이해하면 좋다.

1. 문장을 하나씩 분리하기
2. 빗금 긋기(주어/목적어/서술어)
3. 주·목·술을 중심으로 문장 내용 재정리하기

- [한국은행 금융통화위원회가 / 26일 기준금리를 / 0.25%포인트 인상했다.] → 한국은행 기준금리 인상
- [미 테이퍼링(자산매입 축소) 움직임이 본격화하기 전에 먼저 대응해야 한다는 / 압박감이 / 컸다.] → 테이퍼링 압박감 컸음
- [시장에서는 제롬 파월 미국 연방준비제도 의장이 / 27일 밤(한국 시간) 잭슨홀 심포지엄에서 테이퍼링 시점과 관련한 입장을 / 내놓을 것으로 보고 있다.] → 미국 연방준비제도 의장이 테이퍼링과 관련한 입장 표명 예정(~보고 있다=확정 아님)
- [한은은 / 잭슨홀 이벤트 전에 선제적으로 금리를 올려 미국 정책금리와 격차를 유지하며 자본 유출 위험을 / 최소화할 필요성을 느낀 것으로 해석된다.] → 한국은행은 자본 유출 위험을 느낌(~로 해석된다=기자의 추측)

- [최근 자본시장에서는 테이퍼링 전망에 외국인이 국내주식을 집중 매도하면서/ 주가가/ 하락하고/ 원화값이/ 급락했다.] → 테이퍼링 전망에 주가와 원화값 하락

이렇게 재정리한 내용을 보니 어떤가? 전보다 내용이 쉽게 다가오지 않는가? 이렇게 정리하고 나서도 이해가 안 될 때는 문장 안에 있는 핵심 내용 간의 상관관계를 파악하는 것이 중요하다. 예를 들어 아래 문장이 이해가 안 된다면 다음과 같이 정리해 보면서 관련 자료를 찾아보는 것이다. 참고로 테이퍼링 이야기는 다음에 좀 더 자세하게 다뤄보겠다.

- [최근 자본시장에서는 테이퍼링 전망에 외국인이 국내주식을 집중 매도하면서 주가가 하락하고 원화값이 급락했다.] → 테이퍼링이 뭐길래 외국인 투자자가 국내주식을 팔았을까? → 테이퍼링이 주식시장에 미치는 영향은? → 테이퍼링이 환율에 미치는 영향은?

또한 위 기사의 경우에는 소제목(◆ 미국 금리인상 선제 대응)을 활용해서 기사 내용을 쉽게 이해하는 방법도 있다.

- 선제대응? → '대응'이라는 표현은 안 좋은 일이 생기기 전에 미리 대처한다는 뜻이니 미국 금리인상이 국내 주식시장에 안 좋을 수 있다는 거네? → 미국이 한국보다 기준금리를 먼저 올리

면 국내 주식시장에는 어떤 일이 생길까?

이렇게 기사 내용을 재정리하거나 기사 안에 있는 소제목을 활용해 질문하다 보면 문장의 의미가 하나씩 연결되면서 어려운 내용을 이해하는 데 도움이 된다. 기사는 어느 정도 분량이 정해져 있기 때문에 핵심 내용을 함축해서 한 문장 안에 담는 편이다. 그래서 해석하기 어려운 문장이 만들어지고, 이런 문장들이 한 문단 안에 모두 모이면 더 어렵게 느껴지는 것이다. 따라서 기사 내용이 이해가 안될 때 쉽게 포기하지 말고, 한 문장씩 뜯어서 차례차례 재정리하는 연습을 해보자. 그리고 사실 이렇게 해석하기 어려운 기사가 오히려 더 좋다. 왜냐하면 나만의 언어로 쉽게 정리해서 장기기억으로 넘길 수 있는 절호의 기회이기 때문이다.

고수처럼 투자 인사이트 만들기의 핵심, '연결고리'

경제신문을 읽으며 투자 인사이트를 기르는 가장 좋은 방법은 기사와 기사의 연결고리를 찾는 것이다. 가령 주식 투자 인사이트를 기르고 싶다면 환율 관련 기사와 수출기업을 다룬 기사를 연결해 보면서 서로에게 미치는 영향을 파악해야 한다.

물론 기사 1개만 읽고 나서도 인사이트를 얻을 수 있지만, 다른 기사와 연결하는 연습을 하지 않으면 숲을 볼 수 없다. 예를 들어 삼성전자 주주로서 반도체 관련 기사만 챙겨 보는 것은 나무만 보는 것이다. 이렇게 하면 해당 분야에서는 깊은 지식을 쌓을 수 있다. 하지만 국제면이나 경제면에 있는 다른 기사와 연결해서 보지 않으면 반도체 산업에 영향을 미치는 변수들을 고려할 수 없다.

하지만 말이 쉽지 막상 다른 기사와 연결해 보려고 하면 어렵게만 느껴진다. 도대체 어떻게 해야 기사와 기사를 연결해서 생각해 볼 수 있을까? 바로 '키워드'를 잡고, 중복되는 키워드끼리 연결고리를 찾으면 된다. 백문이 불여일견이라고, 실제로 아래 두 기사를 보면서 함께 연결고리를 찾아보자.

돌아온 이재용 통큰 결단…3년간 국내에 180조 집중투자

삼성이 24일 발표한 240조 원 투자 계획의 핵심은 단연 반도체. (중략) 파운드리 분야의 경우 삼성전자가 한 수 아래라고 봤던 미국 인텔이 최근 2024년 2나노미터 수준인 '인텔20A'를, 2025년에는 1.8나노 수준인 '인텔18A'를 양산함으로써 기술력에서 삼성전자를 뛰어넘겠다는 기술 로드맵을 공개했다. 또 세계 최대 통신칩 회사이자 삼성전자·대만 TSMC의 고객사인 퀄컴을 고객사로 끌어들였다는 사실까지 이례적으로 공개했다. (중략) 삼성전자는 경쟁 업체들의 도전에 대응해 첨단 공정을 적기에 개발하고 혁신제품 경쟁력을 확보해 세계 1위로 도약할 계획이다. 기존 모바일 중심에서 AI, 데이터센터 등 신규 응용처로 사업을 확대하고, 관련 생태계 조성을 지원할 예정이다. (중략) 삼성전자 관계자는 "메모리는 단기 시장 변화보다는 중장기 수요 대응에 초점을 맞춰 연구개발(R&D)과 인프라스트럭처 투자를 지속하고, 시스템반도체는 기존 투자 계획을 적극적으로 조기 집행할 예정"이라고 말했다.

– 노현, 〈매일경제〉, 2021. 8. 24.

골드만, 韓 데이터·물류센터 2조 투자

'글로벌 큰손' 골드만삭스가 2조원대의 국내 부동산 투자 계획을 세우고 물류센터와 데이터센터 투자에 시동을 걸었다. 기업의 디지털 전환 확대와 전자상거래 확산 붐이 수년간 숨 가쁘게 진행돼온 가운데 코로나19 대유행이 물류센터와 데이터센터 수요를 한층 촉발시킨 점에 특히 주목하고 있다. 이에 따라 골드만삭스의 조 단위 베팅에는 물류센터와 데이터센터가 중심이 될 것으로 전망된다. 테크바이오에 따르면 전 세계 데이터센터 시장은 2018년부터 연평균 19%대 고성장을 이어가고 있으며, 2023년께에는 시장 규모가 4370억 달러(약 513조 원)에 달할 전망이다. 국내에 존재하는 전체 데이터센터는 2019년 기준 158곳으로, 2025년까지 32곳의 신규 데이터센터가 구축될 예정이다. 연평균 16%대 성장 속도다. 이미 아마존웹서비스(AWS), 마이크로소프트, 구글, IBM 등 클라우드 기업들은 자체 데이터센터를 한국에 설립했고, 에퀴닉스와 디지털리얼티 같은 글로벌 데이터센터 리츠들도 한국 데이터센터 시장에 진출했다.(중략)

- 안갑성, 〈매일경제〉, 2021. 8. 25.

키워드는 어떻게 잡을까

위 두 기사를 읽고 나서 '삼성전자의 반도체 투자 계획과 골드만삭스의 부동산 투자 계획이 무슨 상관이지?'라고 생각할 수 있다. 하지만 키워드를 잡으면 연결고리가 보일 것이다. 다만 키워드를 무작정 뽑는 게 아니라 기사에서 중요하게 다루는 내용을 중심으로 선정해야 한다. 두 기사에서 중요한 내용은 '대규모 투자 계획'이라는 점에서 공통점이 있다. 이런 경우에는 어디에 얼마나 투자할 것인지 살펴보되 신규 투자처는 어디인지, 왜 투자하는지 등을 중심으로 읽어야 의미 있는 키워드를 잡을 수 있다. 이를 토대로 키워드를 정리해 보면 다음과 같다.

- 첫 번째 기사 키워드: '반도체', '파운드리', 'AI', '데이터센터', '시스템반도체'
- 두 번째 기사 키워드: '물류센터', '데이터센터'

자, 이제 보이는가? 그렇다. 바로 '데이터센터'가 중복된다. 이렇게 중복되는 키워드를 찾고서 해야 할 일은 '원인 질문하기'다. 키워드가 중복해서 보인다는 것은 시장이 주목하고 있다는 뜻으로 풀이할 수 있다. 그러면 왜 시장에서 그 키워드를 중요하게 생각하는지 알아야 투자 인사이트까지 연결할 수 있다. 따라서 키워드를 찾았다면 아래처럼 차근차근 접근해 보자.

- 어제 삼성전자도 데이터센터에 사용하는 반도체에 대규모로 투자한다고 했는데? 골드만삭스도 데이터센터에 투자를 하네? → 국내 1등 기업과 글로벌 큰손이 투자할 정도라니…. 데이터센터 시장이 그렇게 유망한가? → 나도 여기에 투자할 수 있는 방법은 없을까?

해당 시장 및 산업이 유망한지는 '해당 산업 이름 + 연평균 성장률' 키워드로 검색하면 숫자로 증명해 주기 때문에 객관적이면서도 쉽게 찾을 수 있다. 예를 들어 '데이터센터 연평균 성장률'이라고 검색하면 세계 데이터센터 시장 규모가 2018년 1,830억 달러에서 2023년 4,370억 달러까지 연평균 19% 확대될 것이라는 자료를 쉽게 찾을 수 있다(출처: 글로벌 리서치 업체 테크나비오). 실제로 클라우드 및 메타버스 서비스 확대로 수요가 증가하고 있다. 이에 따라 데이터센터에 필요한 반도체 역시 수요가 증가하고 있는 것이다.

그리고 나서 '데이터센터 투자 방법'으로 검색하면 쉽게 관련 투자상품을 찾아볼 수 있다. 예를 들어 데이터센터에 투자하는 대표적인 ETF는 미국에 상장한 'Pacer Benchmark Data & Infrastructure Real Estate SCTR ETF(SRVR)'다. 미국 Pacer Financial 자산운용사가 운용하는 ETF로 데이터센터, 통신기지국 인프라 관련 부동산에 투자하는 상품이다.

어떤가? 중복되는 키워드에만 집중했을 뿐인데 이 작은 시도 하나로 투자 인사이트를 발견할 수 있다는 점이 흥미롭지 않은가? 앞으로 경제 기사를 읽을 때마다 키워드 중심으로 머릿속에 저장해두자. 그래야 해당 키워드가 경제신문에서 또 나올 때, 저장한 내용을 잠시 끄집어내서 연결해 볼 수 있다.

기사를 여러 개 연결하는 방법

카테고리는 다르지만 같은 이슈를 다루는 기사 여러 개를 연결해서 생각해 보는 것도 투자 인사이트를 얻을 수 있는 방법이다. 예를 들면 2021년 11월부터 시작된 오미크론 변이 바이러스 이슈를 다룬 여러 기사 제목을 모아보면 다음과 같다.

- 국제면: "오미크론 전파력 무섭네"…벌써 27개구으로 확산
- 경제·금융면: KDI "오미크론 불확실성 커져"…내년 성장률 먹구름
- 산업면: '오미크론 쇼크' 정면돌파…기업 CFO 76% "내년 투자 확대"
- 증권면: 코스닥 제약株, 오미크론 소나기 피할까

이를 보고 하나씩 연결하면서 다음과 같은 생각을 해볼 수 있다.

- 오미크론 변이 바이러스의 전염성이 심각해서 내년 경제성장률에까지 악영향을 미치는구나. 그럼에도 불구하고 기업들은 내년에 투자를 적극적으로 확대하네? 어떤 기업들이 어디에, 왜 투자를 하는 걸까? 게다가 제약 관련 주식은 오히려 수혜 종목으로 분류될 수 있다니! 거꾸로 생각해 보는 것도 중요하구나.

이렇게 생각해 보니 경제 기사가 더 재밌게 느껴지지 않는가? '오미크론 변이 바이러스'라는 주제 하나로 여러 지면에 있는 기사를 연결하면서 나만의 스토리를 만들어가면 어느새 투자 인사이트에 가까워져 있을 것이다.

나만의 보상을 만들자

《습관의 힘》(찰스 두히그 저, 갤리온, 2012)에 따르면 습관은 '신호-반

복 행동—보상'이라는 3개의 고리로 이어져 있다. 따라서 습관 고리가 형성되면 우리는 보상을 열망하게 되어 습관적 행동을 반복한다. 즉 보상이 얼마나 잘 설정되어 있느냐에 따라 습관이 될지 작심삼일로 끝날 것인지가 결정된다.

나의 경우에 보상은 바로 돈이었다. 스크랩 글에 광고를 붙일 수 있는 티스토리, 네이버 블로그 등의 플랫폼에 업로드했다. 초반에는 별 반응이 없었지만, 경제신문 특성상 사람들이 가장 궁금해하는 이슈를 다루기 때문에 검색을 통해 유입이 많아진다는 점을 발견했다. 즉 경제신문 스크랩 포스팅은 일상적인 글보다는 삶에 직결되어 있는 경제 이슈를 다루기 때문에 다른 글보다 비교적 반응이 빠르다. 물론 엄청난 돈은 아니었지만 월급 외 수익이 조금이라도 생긴 점에서 보상이 되었다. 참고로 여러 플랫폼 중에서 글에 광고를 붙일 수 있는 자격이 덜 까다로운 티스토리 플랫폼을 추천한다.

하지만 돈이 주는 보상은 너무나도 소액이라서 그리 오래가지 않았다. 결국 장기적으로 보상이 되었던 점은 이름도 얼굴도 모르는 타인의 '잘봤습니다'라는 댓글이었다. 나에게는 보잘것없이 초라한 글이 누군가에게는 도움이 된다는 것 자체가 큰 보람을 가져다주었다. 또한 누군가 내 글을 본다고 생각하니 더 신경 쓰게 되고 스크랩을 더 잘하고 싶어졌다.

다만 여기서 중요한 포인트는 두 가지가 있다. 첫째, 나에게 맞는 보상을 해야 한다는 점이다. 누군가에게는 보상이 돈보다 주말에는 스크랩을 하지 않기로 한 스스로의 약속이 될 수 있다. 둘째, 보상은 언제든지 바뀔 수 있다는 점이다. 나의 경우에도 처음에는 단순히 돈이었지만, 장기적으로는 글의 가치를 알아봐주고 인정해 주는 타인의 댓글이 보상으로 변했다. 이렇듯 자연스럽게 바뀔 수도 있지만, 나름대로 설정한 보상이 제대로 작동하지 않는 느낌이 든다면 언제든지 그 보상을 과감하게 수정하는 것을 추천한다. 자, 그럼 지금 바로 나에게 맞는 보상을 작성해 보자.

경제신문을 꾸준하게 읽는 습관 고리

경제신문을 읽는다(신호) → 스크랩을 한다(반복 행동)
→ (보상)

경제신문 스크랩 양식지

날짜			신문사 이름	
기사 제목				
핵심 내용 구조화	WHAT			
	WHY			
	HOW			
모르는 용어				
질문				
투자에 적용할 점				

2장

경제신문 읽기 전에 꼭 알아야 할 경제 상식

무턱대고
외우지 말고
이것부터

경제를 책으로 배웠습니다

'2.3%'. 이 숫자의 의미는 무엇일까? 바로 수능 사회탐구 과목에서 경제 과목을 선택하는 비율이다. 왜 이렇게 낮은 비율이 나온 걸까? 바로 경제 과목은 어렵고 점수도 잘 나오지 않는 데다 내신이나 수능 등급을 잘 받기 어렵다는 인식 때문이다.

이 인식은 성인이 되어서도 크게 변하지 않는다. 이미 우리에겐 수능에서 경제 과목을 포기한 경험이 있기 때문에 성인이 되어서도 경제 공부를 빨리 포기하게 된다. 유상증자, CB, 시가총액, 가산금리, 경상수지 등 듣기만 해도 어려운 용어를 수능 공부하듯이 무작정 외운 다음 금세 까먹는 경험을 해봤을 것이다. 이렇듯 억지로 외워봤자 머릿속에 남지 않아 활용할 수 없다.

나 역시 경제 공부를 수능 공부하듯이 했다가 포기한 경험이 있다. 처음 경제 공부를 시작했을 때, 경제신문과 동시에 시작한 공부는 경제용어 공부였다. 용어를 모르니 해석이 안 되기 때문이었다. 호기로운 패기로 경제용어를 설명한 두꺼운 책을 구매한 후 딱 3일 만에 덮었다. 분명히 책을 읽을 때는 이해가 되었는데, 책을 덮고 공부한 용어가 담긴 경제 기사를 보면 이해가 되지 않아 안 그래도 어려운 용어가 더 어렵게 느껴졌다. 왜냐하면 경제 기사는 책에 나온 예시와 100% 같은 내용이 아니기 때문이다. 그래서 아무리 같은 용어가 담긴 기사더라도 내용이 조금만 달라지면 해석할 수 없었다.

더 심각한 것은 책을 덮으면 힘들게 외웠던 용어가 아주 깔끔하게 증발해 경제신문을 읽을 때 다시 책을 펴야 했다. 이렇게 경제 공부와 경제용어를 따로 공부하는 과정을 한 달 동안 반복하면서 깨달은 점이 있었다.

'아, 경제 공부는 처음부터 각 잡고 책으로 공부하는 게 아니구나. 경제신문을 읽으면서 모르는 용어가 나올 때, 책이나 인터넷 검색으로 의미를 찾은 후 기사에서 어떻게 해석되는지를 스스로 연습해야 자연스럽게 내 것이 되는구나.'

일례로 '시가총액'이라는 용어를 몰라 그 정의를 찾아서 '그 종목의 발행 주식수 × 주가로, 상장주식을 시가로 평가한 것'이라고 외운들 정확한 의미는 피부에 와닿지 않는다. 대신에 직접 계산해 보거나 경제 기사에 실제로 적용해 보면 더 쉽게 이해할 수 있다. 예를 들어 아래 기사 내용에 적용해 보면 다음과 같다.

LG생건, 부메랑이 된 '따이궁 전략'…하룻새 시총 2.3兆 증발

10일 LG생활건강의 급락(13.41%)은 투자자에게 충격을 안겼다. 시가총액은 하루 만에 2조3,000억 원이 날아갔다. 업계에선 LG생활건강이 펼쳤던 '따이궁(중국인 보따리상) 활용 전략'이 부메랑이 돼 돌아왔다고 분석했다.

– 심성미, 〈한국경제〉, 2022. 1. 10.

위 기사를 보고 시가총액이라는 용어를 모른다면 접근하는 방법은 다음과 같다.

LG생활건강 시가총액 감소 → 왜? → 주가가 하락해서 → 시가총액이 주가랑 무슨 상관이지? → 시가총액을 구하는 공식을 찾아보자. → 시가총액은 총 발행 주식수에 주가를 곱해서 구하는구나. 그래서 주가가 떨어지면 시가총액도 떨어지는구나. → 공식을 직접 계산해 보자. → LG생활건강의 발행 주식수는 15,618,197주이고, 오늘 주가는 99만 원이니 곱하면 시가총액은 약 15조 원이구나 (2022. 1. 21. 기준). → 주가는 매일 변하니까 시가총액도 매일 변하겠구나. → 그래서 LG생활건강의 시가총액이 하루 만에 증발했다는 표현을 사용한 거구나.

이렇듯 정의대로의 설명만으로는 정확하게 알 수 없었던 용어를 실제 기사에 접목하고 나만의 언어로 해석하는 과정에서 온전히 내 것으로 만드는 경제 공부를 할 수 있다. 이를 깨닫고 나서는 경제용어와 관련된 책을 필요할 때만 보고 실제 사례에 접목해서 해석하는 연습을 반복했더니 경제 기사가 더 이상 어렵게 느껴지지 않았다. 누군가는 이 방법이 힘들게 멀리 돌아가는 방법이라고 생각할 수 있다. 하지만 막상 시작해 보면 이 방법이 오히려 경제용어와 친해지는 추월차선이라는 것을 알게 될 것이다. 용어의 의미를 이해하고 실제 사례에 접목하면서 다각적으로 해석하는 연습이 반복되면 저절로 외워지고 응용할 수 있는 힘이 생긴다.

잊지 말자. 우리의 목표는 경제학자가 아니다. 더 이상 시험공부하듯이 외우지 말자. 단순하게 의미를 찾는 것에서 그치지 말고 어떻게 해석해야 하는지를 중점적으로 공부하자.

경제주체 3요소로 경제 흐름 읽는 방법

다만 경제용어에 집착하는 대신 해야 할 것은 경제의 흐름을 아는 것이다. 물론 처음부터 경제신문에서 전반적인 흐름을 읽는 것은 불가능하다. 이를 위해서는 학창시절에 배웠던 '경제주체 3요소'를 활용해서 사고하는 훈련이 필요하다.

경제주체 3요소는 정부, 기업, 가계다. 정부는 재정 활동의 주체이고, 기업은 생산 활동의 주체이며, 가계는 소비의 주체다. 또한 가계는 투자의 주체이기도 하다. 정부 정책과 기업의 사업 방향에 따라 예적금을 늘릴지 투자를 할 것인지 등을 결정하기 때문이다. 또한 정부 정책에 따라 기업의 사업 방향과 가계의 재정 방향이 영향을 받고, 역으로 기업의 사업 방향에 따라 정부의 정책과 가계의 재정 방향이 달라지기도 한다. 이렇듯 경제주체 3요소는 서로 영향을 주고받는다.

예를 들어 2020년 코로나19 사태로 기후변화의 심각성에 대한 인식이 확대되면서 탄소중립(개인·회사·단체 등에서 배출한 이산화탄소 등 온실가스의 배출량을 제로로 만들겠다는 것)이 세계적인 추세가 되었다. 이에 따라 우리나라 정부는 '2050 탄소중립 추진전략'이라는 정책을 수립했다. 기업들은 탄소중립에 맞춰 사업구조를 변경하거나 탄소배출권을 구매했다. 가계에서는 일반 제품보다 가격이 비싸도 환경을 고려한 제품을 소비하는 가치소비가 새로운 소비트렌드로 자리 잡았고, 탄소중립을 실천하는 기업에 투자하기 시작했다.

어떤가? 나와는 전혀 관련 없어 보이는 탄소중립이라는 용어가 새롭게 다가오지 않는가? 이렇듯 경제 현상이나 경제용어를 단순하게 정리만 하는 게 아니라 경제주체 3요소를 대입해야 경제 흐름이 보인다.

돈의 흐름이
보이는 '금리'

경제 공부의 기초는 금리

금리는 돈의 흐름을 결정하기 때문에 경제 공부를 할 때 가장 먼저 시작해야 한다. 금리만 제대로 이해해도 경제 공부의 반절은 했다고 말할 수 있을 정도다. 아무리 강조해도 지나치지 않는 금리는 어떤 순서로 공부해야 할까?

금리 공부에 필요한 가장 기초적인 지식은 다음과 같다. 특히 금리가 오르고 내림으로써 시장에 미치는 영향을 집중적으로 공부해야 경제 기사를 재미있게 읽을 수 있다.

1. 금리란?
2. 기준금리란?
3. 기준금리는 누가 정하는가?
4. 금리는 언제 오르고 내리는가?

5. 시장에 미치는 영향은?

금리란 쉽게 말해서 돈의 사용료를 말한다. 우리가 은행에 돈을 예금하면 은행은 그 돈을 가만히 보관하지 않는다. 은행 역시 이익을 창출해야 하는 기업이기 때문에 고객의 예금으로 다른 사람에게 대출을 해준다. 그래서 은행에 예적금을 하면 '이자'를 주는 것이다. 바로 이때 빌려준 돈에 대한 이자의 비율, 즉 이자율이 곧 금리를 의미한다.

하지만 금리를 시장에 100% 맡기면 물가가 요동칠 수 있다. 그래서 각국의 중앙은행에서 시장의 기준이 되는 금리인 '기준금리'를 정하고, 시중금리는 기준금리를 따라 움직인다. 따라서 기준금리가 조금만 올라가도 가계 빚을 걱정하는 기사들이 쏟아져 나오는 것이다.

그렇다면 한국의 기준금리는 누가 정할까? 바로 한국은행이다. 엄밀히 말하면 한국은행에 설치된 금융통화위원회(줄여서 금통위) 회의에서 금리 조정 여부를 결정한다. 금통위 회의는 매년 8회(1·2·4·5·7·8·10·11월)에 걸쳐 매달 둘째 주 목요일에 개최한다. 따라서 이 시기에 발표되는 금통위 회의 내용을 다룬 기사는 꼭 챙겨서 봐야 한다.

위-아래, 위-위-아래로 움직이는 금리

기준금리는 언제 오르고 내릴까? 경기가 침체될 때 한국은행이 기준금리를 인하한다. 기준금리가 내려가면 시중금리도 내려가는

데, 그러면 사람들은 은행에 돈을 넣어놔도 별 이득이 없으니 상대적으로 투자수익이 높은 주식이나 부동산 투자로 돈이 몰리게 된다. 즉 사람들이 돈을 안 쓰니 '금리 내려줄 테니까 돈 빌려서 투자도 하고 소비도 좀 해'라고 말하는 것.

반대로 경기가 과열되어 물가가 너무 오를 때는 금리를 인상한다. 그러면 시중금리도 올라가니 대출받기가 부담스러워지고 소비도 줄어든다. 또한 사람들은 원금이 보장되지 않아 위험자산으로 분류되는 주식에 투자하기보다는 가만히 넣어두기만 해도 원금이 보장되고 금리인상으로 높아진 이자가 붙는 은행의 예적금을 선호하게 된다. 이를 정리하면 다음과 같다.

- 경기 침체 → 기준금리 인하 → 시중금리 하락, 소비 & 투자 증가, 고용 & 생산 증가, 경기 회복
- 경기 과열 → 기준금리 인상 → 시중금리 상승, 소비 & 투자 감소, 고용 & 생산 감소, 경기 침체

실제로 한국의 기준금리 변동 추이를 보면 2008년에 기준금리는 5%였는데, 금융위기가 발생하면서 1년이 채 되지 않아 2%까지 떨어졌다. 이후 경기가 회복하면서 2010년 7월부터 다시 금리를 올리기 시작했고, 수출 부진이 극심했던 2015~2016년에 다시 한 번 금리를 내렸다. 이후 경기가 회복세를 보이며 2018년에 금리를 잠시 올렸지만, 다시 경기가 둔화세를 보이며 코로나19 사태가 발생했다. 이에 한국은행이 금리를 역대 최저 금리인 0.5%까지 내리자 시

기준금리 변동 추이

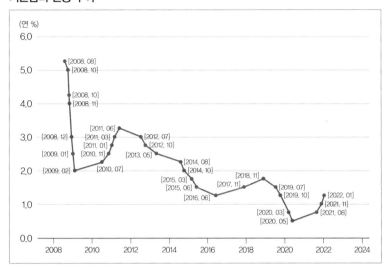

출처: 한국은행

장에 유동성이 풍부해졌다. 이로 인해 물가가 급등하자 한국은행은 2021년부터 다시 금리를 올리기 시작했다.

이렇듯 한국은행은 경기 상황에 따라 기준금리를 올리고 내리면서 그들의 목표인 '물가안정'을 이루기 위해 노력한다. 즉 물가가 너무 오르지도 또 너무 떨어지지도 않는 적정한 선을 유지하게 만들어주는 것이 한국은행의 역할이다.

하지만 경제이론은 늘 시장에 100% 맞지 않는다. 아이러니하게도 경제가 좋지 않을 때가 투자의 기회였다. 이렇듯 경제는 시장상황에 따라서 달라지기 때문에 금리가 미치는 영향을 참고하되, 절대불변의 공식이라고 생각하는 것은 주의할 필요가 있다.

금리 공부를 투자에 적용하기

그렇다면 개인은 금리의 방향에 따라 어떤 포지션을 가져가야 할까? 핵심은 금리의 움직임에 따라 수혜를 받을 수 있는 곳에 투자해야 한다는 점이다.

금리인하 시기 투자 전략

1. 대출 전략: 고정금리로 받은 대출 변동금리로 갈아타기
2. 현금 전략: 현금 비중 줄이기
3. 투자 전략: 증권주, 성장주, 경기방어주, 부동산 등 위험자산에 공격적으로 투자 고려하기

금리인하 시기에는 기존에 고정금리로 받은 대출을 변동금리로 갈아타서 이자 부담을 최소화해야 한다. 또한 기준금리가 인하된다는 것은 돈의 가격이 싸진다는 의미다. 따라서 현금을 갖고 있으면 오히려 손해를 본다. 따라서 현금 비중을 줄여 자산에 투자하는 방향으로 변경하는 것이 현명한 선택이 될 수 있다.

그리고 기준금리가 인하되면 예적금보다 더 높은 수익을 얻기 위한 투자처를 찾아 돈이 몰리게 된다. 대출금리까지 낮다 보니 돈을 빌려서 좋은 투자처에 투자하는 게 더 큰 기회 요인으로 다가오기 때문이다. 따라서 자연스럽게 투자시장인 주식과 부동산에 돈이 몰리면서 주가가 오르고 부동산 가격이 오르게 된다.

실제로 2020년 코로나19로 인해 한국은행이 기준금리를 역대 최저 금리인 0.5%로 내리자, 주식시장과 부동산시장이 급등했다. 따

라서 이 시기에는 싸진 돈의 가격을 최대한 활용해 현금 비중을 줄이고 투자 비중을 적극적으로 늘리는 게 현명한 선택이 된다.

이렇듯 예적금을 해도 이자가 적기 때문에 위험을 감수해서라도 위험자산에 투자하려는 수요가 많아져 성장주가 주목받는다. 더불어 주식시장의 유동성이 확대되면서 증권주는 거래수수료가 증가하면서 수혜를 받는다. 그리고 금리인하는 경기가 좋지 않을 때 사용하는 통화정책이므로, 경제가 어려워도 실적을 안정적으로 보여주는 '경기방어주(주가가 경기 상황과 변화에 민감하게 반응하지 않는 주식)'에도 주목할 필요가 있다. 왜냐하면 사람들이 경기가 안 좋다고 해서 머리를 감지 않는다거나, 음식을 먹지 않는다거나, 무선통신 없이는 사용할 수 없는 스마트폰을 사용하지 않는 것은 아니기 때문이다. 즉 경기가 좋든 안 좋든 식음료, 통신, 소비재 등의 서비스 및 상품을 판매하는 기업들은 경기가 좋지 않아도 안정적으로 이익을 창출한다.

금리인상 시기 투자 전략

1. 대출 전략: 변동금리로 받은 대출을 고정금리로 갈아타는 것 고려하기. 금리가 높은 대출부터 상환 고려하기. 더 나은 조건의 대출로 갈아타는 것 고려하기
2. 현금 전략: 현금 비중 늘리기
3. 투자 전략: 금융·은행·보험주, 경기민감주, 배당주에 투자 고려하기. 똘똘한 부동산 1채로 갈아타기

반대로 기준금리가 인상된다는 것은 돈의 가격이 비싸진다는 의미이기 때문에 현금 비중을 늘려나가는 것이 좋다. 기준금리가 인상되면 예금과 대출 금리가 모두 올라간다. 그러면 사람들은 소비보다 저축을 늘리게 된다. 굳이 위험을 안고 투자하기보다는 안전한 예적금을 선호하게 되기 때문이다.

또한 대출 전략도 달라져야 한다. 당장은 아니더라도 향후 금리 인상이 일정 수준 지속된다면 대출은 고정금리로 받는 것이 유리할 수 있다. 다만 본인이 향후 소득 여건이 어느 정도 여유가 있다면 굳이 현재의 저금리 상황에서 대출 비중을 낮춰 대출을 상환할 필요는 없다.

투자 전략은 기준금리가 인상하면서 수혜를 보는 산업을 위주로 투자하는 방법이 있다. 예를 들어 은행업의 경우에는 금리가 오르면 예대마진(예금금리와 대출금리 차이)이 늘어나 수익성이 높아진다. 보험사는 고객에게 받은 보험금 대부분을 안전하게 채권에 투자하는데, 기준금리가 오르면 신규 채권 금리도 높아져 운용자산 수익률이 높아진다.

또한 배당주 투자도 대안이 될 수 있다. 투자자들은 금리인상 시기에 굳이 위험을 감수하고 주식에 투자하려는 수요가 줄어 기업은 배당금을 인상해서 투자자들의 관심을 끌어모으려고 한다. 만약 금리인상률보다 배당금 인상률이 낮으면 주가에 악영향을 줄 수 있기 때문이다.

더불어 기준금리 인상은 경기가 회복되는 신호가 보이지 않으면 절대 꺼낼 수 없는 카드이기 때문에 그만큼 경기회복에 대한 자신감을 보여주는 의미이기도 하다. 따라서 경기회복으로 수혜를 받을 수 있는 경기민감주(사업 구조상 경기와 밀접한 관련이 있어서 경기가 변동할 때마다 주가가 큰 폭으로 오르내리는 기업의 주식)를 주목할 필요가 있다.

마지막으로 부동산의 경우에는 금리인상 시기에 대출이자 상승이 부담될 수 있다. 따라서 대출 규모를 줄여나가면서 똘똘한 한 채만 보유하는 것도 전략이 될 수 있다. 똘똘한 부동산이란 실거주하기 좋아서 수요층이 탄탄한 부동산을 말한다. 대표적으로 대단지, 역세권, 직장과 주거지가 가까운 곳, 중대형 평형대 등의 요건을 갖추고 있는 부동산이 이에 해당한다.

주식시장 흐름이 보이는 '환율'

환율, 이보다 쉽게 이해할 수 없다

경제 공부에서 두 번째로 중요한 것은 우리 삶에 밀접하게 관련되어 있는 '환율'이다. 환율이 오르내림에 따라 각국의 통화가치, 경제 상황, 기업의 실적에까지 영향을 미치기 때문이다. 특히나 우리나라처럼 수출로 먹고사는 국가일수록 환율에 민감하게 반응한다. 환율 공부에 필요한 가장 기초적인 지식은 다음과 같다.

1. 환율이란?
2. 오르고 내려갈 때 해석 방법은?
3. 시장에 미치는 영향은?

우리나라에 원화가 있다면 미국에는 달러가 있다. 이처럼 국가마다 쓰는 돈이 다르다. 그래서 해외주식을 매수할 때 해당 국가의 화폐로 환전해서 매수해야 한다. 이렇듯 환율이란 한자의 뜻(換: 바꿀 환, 率: 비율 율) 그대로 두 나라의 돈을 교환하는 비율이다.

그런데 환율은 주가처럼 매일 달라진다. 1달러에 1,000원 할 때도 있고 1,200원 할 때도 있다. 즉 1달러에 해당하는 원화의 비율이 달라지는 건데, 이게 바로 환율이다. 쉽게 말해 1달러에 원화를 얼마나 받느냐는 것이다.

그러면 환율은 언제 오르고 내릴까? 대부분의 물건이 수요와 공급에 의해 가격이 정해지듯이 환율도 수요와 공급에 따라 달라진다. 달러를 원하는 사람이 많으면 가격이 올라가고 반대로 달러를 원하는 사람이 줄어들면 가격이 내려간다.

환율이 수출에 미치는 영향

환율은 수출에 큰 영향을 미친다. 결론부터 말하자면 원달러환율이 상승하면 우리나라 수출기업에 호재, 반대로 원달러환율이 하락하면 우리나라 수출기업에 악재로 작용한다.

예를 들어 한국의 A 기업이 미국의 B 기업에게 제품을 수출하고 있다고 가정해 보자. 저번 주에 1달러=1,100원이었는데, 이번 주에 1달러=1,200원으로 환율이 상승했다면, 한국의 A 기업은 미국의 B 기업에 기존에 1,100원에 팔던 제품을 1,200원에 팔게 된다. B 기업에게 받은 달러를 은행에 가서 원화로 환전하니 저번 주에는 1,100원을 받았는데, 이제는 1,200원을 준다. 이렇듯 상품은 변한 게 없는데 환율이 올라서 100원을 더 주니까 돈을 더 많이 벌게 된다. 따라서 원달러환율이 상승하면 우리나라 수출기업에 호재로 작용하는 것이다.

반대로 저번 주에는 1달러＝1,100원이었는데, 이번 주에 1달러＝1,000원으로 환율이 하락했다면, 한국의 A 기업은 미국의 B 기업에 기존에 1,100원에 팔던 제품을 1,000원에 팔게 된다. B 기업에게 받은 달러를 은행에 가서 원화로 환전하니 저번 주에는 1,100원을 받았는데, 이제는 1,000원을 준다. 이렇듯 상품은 변한 게 없는데 환율이 떨어져서 100원을 덜 주니까 돈을 더 적게 벌게 된다. 따라서 원달러환율이 하락하면 우리나라 수출기업에 악재로 작용하는 것이다.

따라서 환율이 상승했을 때는 수출기업이 이득을 보므로 수출 비중이 높은 반도체, 조선, 철강, 자동차 등과 같은 주식이 주목을 받고, 반대로 환율이 하락했을 때는 수출기업이 손해를 보므로 수출 비중이 적은 의류, 화장품, 음식료, 유통 등과 같은 내수 소비주가 주목을 받게 된다.

원달러환율이 국내 주식시장에 미치는 영향

그렇다면 원달러환율이 국내 주식시장에는 어떤 영향을 미칠까? 이를 알기 위해서 국내 주식시장의 큰손인 외국인 투자자에게 어떤 영향을 미치는지를 살펴보자. 결론부터 말하자면 원달러환율이 상승하면 외국인 투자자는 국내주식을 매도하려는 심리가 강해지고, 환율이 하락하면 국내주식을 매수하려는 심리가 강해진다는 것이다.

왜 그럴까? 우리가 미국에 투자할 때 원화를 달러로 환전하듯이 외국인도 국내주식에 투자하려면 달러를 원화로 환전해야 하는데, 이때 어떤 투자자든 환전을 하면서 생기는 손해를 덜 보려고 하기 때문이다.

만약 저번 주에 1달러=1,000원이었는데, 이번 주에 1달러=1,100원으로 원달러환율이 상승했다고 가정하자. 이때 외국인 투자자 A가 한국 주식으로 100만 원어치를 보유하고 있는데 이를 매도하고 달러로 환전하려고 한다. 만약 저번 주에 환전했으면 100만 원을 충분히 1,000달러로 환전했을 것이다. 하지만 이번 주에는 원달러환율이 상승해 100만 원으로 909달러(100만 원/1,100원)까지밖에 살 수 없게 되었다. 즉 국내 주식을 매도하고 달러로 환전할 때 저번 주보다 91달러를 덜 받게 되는 것이다.

이렇듯 원달러환율이 상승하면 외국인 입장에서는 달러로 환전할 때 '환차손(환율 변동으로 인해 생기는 손해)'이 발생한다. 즉 환전을 하면서 손해가 발생하는 것이다. 따라서 원달러환율이 계속 상승할 것으로 전망되면 외국인 투자자들은 더 손해를 보기 전에 매도하려는 심리가 강해져 주식시장이 하락세를 보이는 편이다.

반대로 만약 저번 주에 1달러=1,000원이었는데, 이번 주에 1달러=900원으로 원달러환율이 하락했다고 가정하자. 이때 똑같이 외국인 투자자 A가 한국 주식으로 100만 원어치를 보유하고 있다. 만약 저번 주에 환전했으면 그대로 1,000달러로 환전했을 것이다. 하지만 이번 주에는 원달러환율이 1달러에 900원으로 하락해 100만 원으로 살 수 있는 달러가 더 많아진다. 따라서 1,111달러(100만 원/900원)

로 환전할 수 있다. 즉 국내 주식을 매도하고 달러로 환전할 때 저번 주보다 111달러를 더 받게 되는 것이다.

이렇게 환율이 떨어진 것만으로도 111달러를 얻게 되었으니 '환차익(환율 변동으로 인해 생기는 이익)'이 발생한다. 즉 환전을 하면서 이익이 발생하는 것이다. 따라서 원달러환율이 계속 하락할 것으로 전망되면 외국인 투자자들은 투자수익과 더불어 환차익까지 얻을 수 있어 매수하려는 심리가 강해져 주식시장이 상승세를 보이는 편이다.

실제로 다음 차트에 있는 역대 원달러환율과 KOSPI의 흐름을 살펴보면 둘은 역의 관계에 있다는 것을 알 수 있다. 2000년대 들어 원달러환율이 가장 낮았던 시기는 2007년 10월로 당시 1달러

원달러환율과 KOSPI 변동 추이

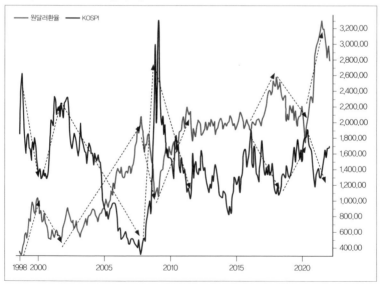

에 899.5원까지 떨어졌다. 2003~2007년은 경기 호황기로 당시 경기가 좋아 안전자산으로 분류되는 달러의 가치가 떨어져 원달러환율이 하락세를 보였다. 그러자 외국인 투자자들은 환차익과 더불어 주식 차익을 목적으로 국내 주식시장에 들어왔고, 이 기간 코스피는 220% 상승했다.

반대로 원달러환율이 가장 급격하게 상승했던 시기는 2008년 금융위기로, 경기가 안 좋아지자 안전자산으로 분류되는 달러의 가치가 높아져 원달러환율이 2009년 2월 1,598원까지 급등했다. 그러자 외국인 투자자들은 환차손을 피하기 위해 국내 주식시장을 떠나 코스피는 2008년에 −30%를 기록했다.

환율 재테크 방법

그럼 개인투자자들은 원달러환율이 오르고 내릴 때 어떤 투자 포지션을 가져가야 할까?

원달러환율 상승
- 달러 투자: 달러 비중 늘리기
- 주식 투자: 국내주식 비중 줄이기

원달러환율이 상승하면 달러의 가치가 높아지기 때문에 달러를 갖고만 있어도 수익을 낼 수 있다. 따라서 원화를 달러로 환전해 달러 비중을 늘리는 전략이 유효하다. 달러에 직접 투자하는 방법은 달러 예금, 달러 ETF 등이 있다. 또한 달러화 강세는 글로벌 경제가 좋지 않을 때 발생하므로 전 세계 주식시장이 부진한 모습을 보인다. 왜냐하면 달러는 대표적인 안전자산으로 분류되는데, 이러한 안전자산이 강세라는 뜻은 안전자산의 인기가 높아지고 위험자산의 인기가 떨어졌다고 해석할 수 있기 때문이다.

따라서 이 시기에는 주식 투자 비중을 적극적으로 늘리기보다는 줄이거나 보유하는 전략이 유효하다. 특히 한국 주식의 경우에는 줄이는 것이 현명하다. 우리나라 주식은 외국인 투자자 비중이 더 크기 때문에 원달러환율이 상승하면 국내 주식시장에서 빠져나가려고 하기 때문이다.

다만 미국 주식의 경우에는 달러가 기축통화여서 영향이 크지 않으니 비중 줄이기를 고려하되 보유하는 전략도 나쁘지 않다. 왜냐하면 미국 주식을 보유하는 것 역시 달러 자산을 보유하는 것과 같고, 미국 주식 가격이 오르지 않아도 달러가 강세이기 때문에 평가손익은 올라갈 수 있다.

원달러환율 하락
- 달러 투자: 달러 비중 줄이기
- 주식 투자: 주식 비중 늘리기

반대로 원달러환율이 하락하면 달러의 가치가 낮아지기 때문에 달러를 갖고 있으면 손해를 보게 된다. 따라서 달러 비중을 줄이는 전략이 유효하다. 또한 달러화가 약세일 때는 세계경제 및 금융시장이 성장하는 시기다. 왜냐하면 대표적인 안전자산으로 분류되는 달러가 약세라는 뜻은 안전자산의 인기가 떨어지고 위험자산의 인기가 많아졌다고 해석할 수 있기 때문이다. 따라서 이 시기에는 주식시장에 적극적으로 투자하는 전략이 현명하다. 특히 앞서 살펴봤듯이 원달러환율과 국내 주식시장은 역의 관계를 보이기 때문에 이 시기에는 국내주식 비중을 늘리는 전략이 유효하다.

미국 연준, 꼭 알아야 할까

'나는 국내 투자자인데, 왜 미국의 중앙은행인 연준까지 공부해야 할까?'라는 의문이 들 수 있다. 단순히 생각해 보면 그냥 한국은행만 챙기면 될 것 같은데 말이다. 그 이유는 바로 돈은 이자를 많이 주는 곳으로 움직이기 때문이다.

우리가 보통 은행에 예적금으로 돈을 맡길 때 조금이라도 이자를 더 많이 주는 곳을 찾아가듯이 다른 나라도 마찬가지다. 예를 들어 한국의 A 은행 예금금리는 1%이고, 미국의 B 은행 예금금리는 2%라면 굳이 한국에 돈을 넣어둘 이유가 없다. 이렇듯 한국은행은 국내 상황만 보고 기준금리를 결정하는 게 아니라 미국의 기준금리 눈치도 보면서 방향을 결정한다.

실제로 2020년 코로나로 인해 경기가 위축되자 미국이 금리를 기존 1.25%에서 0.25%까지 내렸다. 하지만 한국은행은 이보다 더

내리면 외국자본이 더 빠져나갈 것을 고려해 기존 1.25%에서 0.5%까지만 내렸다. 또한 2021년 8월에 코로나 이후 처음으로 금리를 0.75%로 인상했는데, 그 이유를 미국 기준금리 인상의 선제적 대응이라고 밝혔다. 즉 미국이 기준금리를 올리기 전에 우리가 먼저 올려야 자금 유출을 방지할 수 있기 때문이다.

그래서 역사적으로 한국은행은 국내시장에 돈이 빠져나가지 않도록 미국 기준금리보다 한국 기준금리를 높게 유지했다. 실제로 아래 차트를 보면 한국의 기준금리가 미국 기준금리보다 낮았던 적은 2018년 3월 21일~2020년 3월 3일밖에 없었는데, 이 기간 주식시장에서 외국인 투자자의 자본이 빠져나가 코스피가 약 19% 하락했다. 당시 한국은 물가상승률도 낮았고 경기 상황도 좋지 않아 금리를 올리기 쉽지 않았다. 이렇듯 연준의 기준금리 방향은 주식시장을 뒤흔들 만큼 막강하다. 오죽하면 '연준에 맞서지 마라 (Don't fight the Fed)'라는 격언까지 있겠는가.

미국 기준금리와 한국 기준금리 변동 추이

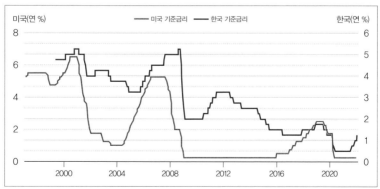

출처: tradingeconomics.com

미국의 중앙은행은 왜 연준일까

한국에 한국은행이 있다면 미국에는 연방준비제도(Fed, 연준)라는 중앙은행이 있다. 그런데 보통 중앙은행 이름은 Bank of Korea, Bank of Japan 등 주로 'Bank of 국가 이름'으로 불리는데 미국은 왜 다를까? 왜냐하면 미국은 51개의 주로 나뉘는데, 이를 12개의 연방준비구로 구분하고, 구마다 연방준비은행을 두었기 때문이다. 따라서 연준이라는 하나의 큰 시스템 아래 12개의 연방준비은행과 연방준비제도이사회(FRB), 그리고 연방공개시장위원회(FOMC)가 있다.

이 중 FOMC에서 결정된 통화·금리정책을 각 연방준비은행이 수행하고 연방준비제도이사회는 이를 관리·감독한다.

연방준비제도 조직도

우리나라로 따지면 한국은행의 정책결정기구인 금융통화위원회와 유사한 조직인 FOMC는 연준 산하 최고 의사결정기구다. FRB에 속한 12명의 위원들과 연준 의장이 모여 6주마다 한 번씩 1년에 8번(1·3·4·6·7·9·10·12월)의 정례회의를 개최하고, 기준금리의 방향을 결정한다. 이 회의에서 결정되는 내용은 시장에 큰 영향을 미치기 때문에 이를 다룬 경제 기사는 반드시 챙겨서 봐야 한다. 기사를 볼 때는 금리에 변화가 있는지, 연준 의장이 앞으로의 경제를 어떻게 바라보고 있는지 등을 중심으로 읽어야 한다. 참고로 모든 회의의 결과를 발표하는 시각은 언제나 오후 2시 15분(한국 시각으로는 다음 날 새벽 3시 15분)으로 고정되어 있다. 그리고 모임 3주 후 회의 의사록이 대중에게 공개된다.

연준은 사립은행이다

연준이 국립은행이 아니라 사립은행이라는 사실을 알고 있었는가? 그 이유를 알려면 연준 탄생의 결정적 계기가 된 1907년 미국의 경제공황을 살펴봐야 한다. 미국은 1907년에 발생한 경제위기 때문에 주가가 폭락하고, 뱅크런(대규모 예금 인출) 사태가 일어났다. 하지만 당시 미국에는 경제위기를 해결할 중앙은행이 존재하지 않아서 금융 시스템 전체가 붕괴될 위험에 처했다.

바로 이때 미국 최대 민간 금융회사인 JP모건이 중앙은행 설립을 주장하면서 미국 은행과 증권사를 한데 모아 강제적인 채무조정 작업을 함으로써 위기를 모면하게 된다. 이를 계기로 1913년에 연방제도준비법이 통과되면서 민간 금융회사가 지분을 갖는 사립은행 형태의 독특한 중앙기관이 탄생하게 된 것이다.

이처럼 연준은 사립은행이기 때문에 미국 정부가 화폐를 조달하기 위해서는 연준에 대가를 지불하고 달러를 빌려오는 방식을 취한다. 또한 연준의 지분을 가진 민간은행은 매년 6%의 배당금을 가져간다. 즉 미국 정부가 화폐를 발행하면 연준은 수익금의 일부를 민간은행에 배당하는 셈이다.

그런데 미국의 연준처럼 중앙은행이 국립이 아니고 사립이면 이익을 극대화하는 데 집중하느라 문제가 생기지는 않을까? 이를 방지하기 위해 연준 의장과 이사는 미국 대통령이 지명하게 하고, 연준이 아무리 많은 수익을 내도 주주를 위한 소정의 배당금을 제외한 나머지 금액은 모두 미국 재무부로 귀속된다.

연준의 '점도표'에서 투자 방향의 힌트 얻기

매년 3·6·9·12월, 연준은 FOMC 회의를 마친 다음 점도표를 발표한다. 점도표는 FOMC 위원들이 익명으로 제시하는 금리 전망치로, 미국의 기준금리가 몇 %가 적당하다고 생각하는지 묻고 위원들이 이를 도표에 점으로 표시한다 해서 이런 이름이 붙었다. 예를 들어 2022년 기준금리로 1%가 적당하다는 의견이 5명이면 점이 5개로 표시된다. 따라서 점이 어디에 많이 몰려 있느냐를 통해 기준금리 향방을 예측할 수 있다.

점도표를 활용하는 방법의 핵심은 그전에 공개된 점도표와 비교해서 어디에 더 많은 점이 표시되었는지 확인한 다음, 향후 기준금리의 방향을 예측해 보는 것이다. 예를 들어 다음 페이지에 나와 있는 2021년 9월과 12월의 점도표를 비교해 보면, 2023년과 2024년 전망치에서 큰 차이점이 있다는 것을 발견할 수 있다.

9월의 점도표에서는 기준금리가 2023년에 1% 이상일 것으로 전망한 의견과 1% 미만일 것으로 전망한 의견이 반반이었던 반면, 12월

2021년 9월 FOMC 점도표

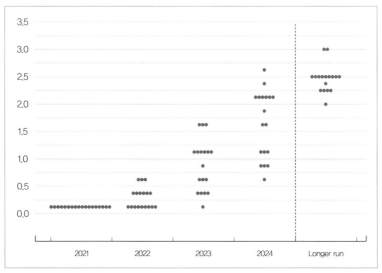

출처: 연방준비제도이사회

2021년 12월 FOMC 점도표

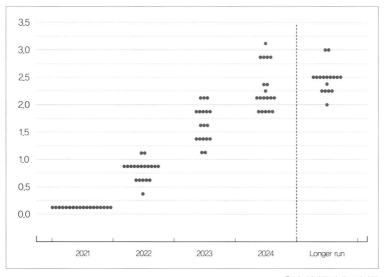

출처: 연방준비제도이사회

의 점도표에서는 기준금리가 2023년에 1% 미만일 것으로 전망한 의견은 단 1명도 없었다. 2024년 전망치 역시 2021년 9월 전망치보다 크게 높아졌다는 것을 알 수 있다.

이는 연방공개시장위원회(FOMC)가 예상보다 일찍 금리를 올릴 수 있다는 신호로 해석할 수 있다. 그러면 앞서 살펴본 금리인상 시기에 가져가야 할 투자 전략을 좀 더 빠르게 준비해야 할 수 있다. 하지만 점도표에 나타난 경로대로 완벽하게 똑같이 기준금리가 움직이는 것은 아니다. 위원들의 전망치는 경제 상황에 따라 시시각각 바뀔 수 있다는 점을 고려해야 한다.

경기 흐름이
보이는 '물가'

물가는 너무 올라도, 내려도 문제

물가란, 말 그대로 물건의 가격을 의미한다. 다만 물건 하나하나의 가격을 의미하는 것이 아니라 여러 물건의 가격을 종합해서 평균을 낸 것을 뜻한다. 그리고 정부는 이를 '물가지수'로 만들어 매달 발표하면서 전반적인 상품 가격의 변화를 확인한다. 왜냐하면 이 추세를 통해 경기를 판단하고 이에 맞는 경제정책을 수립하기 때문이다. 물가지수의 종류는 여러 가지가 있지만, 반드시 알아야 할 지수는 소비자물가지수(CPI, Consumer Price Index)와 생산자물가지수(PPI, Producer Price Index)로 뒤에서 자세하게 살펴보겠다.

그러면 물가가 상승하거나 하락했다는 의미는 무엇일까? 예를 들어 소비자물가지수가 2020년 10월에는 105.61이었는데, 2021년 10월에는 약 3% 상승한 108.97을 기록했다. 그러면 2020년 10월에 비해 2021년 10월 물가가 3% 상승했다고 해석할 수 있다. 즉 작년 10월에는 10,000원 주고 살 수 있었던 물건을 올해 10월에는 10,300원 주고 살 수 있다는 뜻이다. 이를 '인플레이션(Inflation)'이라고 한다.

반대로 물가가 하락하면 같은 상품을 살 때 이전보다 더 많은 금액을 내지 않아도 살 수 있다. 따라서 물가가 하락한다는 것은 화폐 가치가 올라갔다는 것을 의미하고 이를 '디플레이션(Deflation)'이라고 한다. 즉 디플레이션이란 물가가 지속적으로 떨어지는 현상을 말한다. '물건 가격이 싸지면 좋은 거 아닌가?'라는 생각을 할 수도 있다. 물론 물가가 잠깐 떨어지는 것은 괜찮다. 하지만 지속적으로 떨어지면 경기가 나빠질 수 있다. 왜냐하면 사람들이 '물건값이 계속 떨어지고 있으니, 조금만 더 떨어지면 사야지!'라고 생각하면서 지갑을 닫아버리면 시중에 돈이 안 풀리면서 경기가 나빠질 수 있기 때문이다.

여기에 한 가지를 더해 '스태그플레이션(Stagflation)'도 있다. 장기적인 경기침체를 의미하는 '스태그네이션(Stagnation)'과 물가상승을 의미하는 인플레이션(Inflation)의 합성어다. 즉 경기침체 속의 인플레이션을 말한다. 대체로 경기가 좋으면 물가가 상승하고, 경기가 나쁘면 물가가 떨어지기 마련이다. 그런데 스태그플레이션이란 경기가 좋지 않음에도 불구하고 물가가 오르는 현상을 말한다. 보통 환율이나 원유의 가격이 급격하게 움직일 때 발생한다.

물가가 오르면 경제는 어떻게 될까

물가가 급등하거나 지나치게 오르면 소비자들은 소비를 쉽사리 늘리지 못한다. 이렇게 되면 기업의 서비스 및 상품을 구매하는 기업 매출 또한 감소한다. 그러면 기업은 투자와 고용을 줄이게 된다. 이에 따라 근로자의 소득도 줄어 소비가 줄고, 소비가 줄어드니 경제가 악화된다.

그래서 중앙은행은 물가상승을 잡기 위해 기준금리를 인상한다. 기준금리가 올라가면 은행의 예적금 금리도 올라간다. 그러면 시중에 풀려 있던 돈이 이자를 더 받기 위해 은행에 몰려들고, 은행에 몰려든 돈만큼 주식과 부동산시장에 풀려 있던 돈이 줄어든다. 유동성이 줄어들면 급등했던 자산 가격이 하락하면서 물가도 하락한다. 즉 유동성이 너무 많이 풀려 있어 인플레이션이 발생했던 것에 찬물을 끼얹어주기 때문에 물가가 가라앉는 효과를 볼 수 있다.

또한 물가가 계속 하락하면 경제가 악화된다. 앞서 말했듯이 물가가 계속 하락하면 사람들이 '물건값이 계속 떨어지고 있으니, 조금만 더 떨어지면 사야지!'라고 생각하면서 지갑을 닫아버린다. 그러면 생산자 입장에서는 상품을 만들수록 손해를 보기 때문에 공장을 가동하려고 하지 않는다. 공장이 돌지 않으면 생산이 줄고, 생산이 줄면 자연스럽게 실직자가 증가하게 되면서 경제에 좋지 않은 영향을 미치게 된다.

그래서 이때 중앙은행은 물가하락을 막기 위해 기준금리를 인하한다. 기준금리가 내려가면 은행의 예적금 금리도 내려간다. 그러면 사람들은 쥐꼬리만 한 이자를 기다릴 바에는 조금 위험하더라도 예적금 이자보다 높은 수익을 줄 수 있는 주식과 부동산 등 자산에 투자하려는 수요가 늘어난다. 이렇게 유동성이 증가하면서 자산 가격이 상승하고, 물가도 상승한다. 즉 유동성이 시장에 풍부해지면서 물가하락을 방어하는 효과를 볼 수 있다.

정부의 물가정책

앞서 살펴본 극단적인 인플레이션 및 디플레이션이 오지 않게 정부는 통화정책과 재정정책을 적절히 활용한다. 보통 통화정책이 안 통하면 재정정책을 동원하는 편인데 이를 하나씩 간략하게 살펴보자.

통화정책이란, 말 그대로 금리를 활용해 시장에 돌아다니는 통화량(돈의 양)을 움직이는 정책이다. 즉 중앙은행이 기준금리를 내리면 시장에 돌아다니는 돈의 양이 많아져 물가가 상승하고, 반대로 기준금리를 올리면 시장에 돌아다니는 돈의 양이 적어져 물가가 하락한다.

예를 들어 코로나19로 인해 경기가 나빠졌을 때 한국은행이 기준금리를 0.5%까지 내리자 너도나도 대출을 늘렸다. 이에 따라 시장에 돌아다니는 돈의 양이 많아져 물가가 상승하고, 주식과 부동산 가격이 급등했다. 한국은행은 너무 과열된 물가를 잡고자 2021년 8월에 기준금리를 0.75%로 인상했다.

재정정책이란 국민들에게 받는 세금과 정부의 지출을 활용해 시장에 돌아다니는 통화량(돈의 양)을 움직이는 정책이다. 예를 들어 코로나19로 인해 경기가 위축되자 금리를 내렸지만 그럼에도 불구하고 경기가 살아나지 않자, 정부가 직접 돈을 써서 제로페이와 재난지원금을 시장에 공급했다. 또한 자영업자를 대상으로 부가세를 감면해 주었다. 이렇듯 세금을 깎아주거나 직접 돈을 공급하면 소비가 살아나면서 생산도 활발해진다.

이렇듯 정부는 물가가 너무 오르지도 또 내려가지도 않게 경제가 안정적으로 성장할 수 있도록 시중에 돌아다니는 돈의 양을 조절하거나(통화정책), 직접 돈을 더 쓰거나 거둬들이는 방법(재정정책)을 적절하게 활용한다.

경기 신호를
보여주는
'경제지표'

경제지표는 경제의 건강검진표

사람이 건강검진을 받듯이 경제도 건강검진을 받는다. 키, 체중, 혈압 등의 수치로 우리 몸의 건강 상태를 알 수 있듯이, 각종 경제지표를 이용해 한 국가의 경제 상태가 좋은지 혹은 나쁜지 진단할 수 있다. 따라서 경제지표란, 말 그대로 한 나라의 경제 상태를 알려주는 지표를 뜻한다.

건강검진을 받을 때도 항목이 여러 개가 있듯이 경제지표도 그 종류가 너무나도 많다. 대표적인 경제지표로는 경제성장률, GDP, 물가상승률, 실업률, 금리, 환율, 주가지수 등이 있다. 예를 들어 경제성장률이 높다면 경제가 잘 성장하고 있다는 뜻이고, 경제성장률이 낮다면 경제가 잘 성장하지 못하고 있다는 뜻이다. 만약 경제가 좋지 않으면 기업도 실적을 올리기 힘들어지는데, 이런 시기에 주식투자를 적극적으로 하면 큰 낭패를 볼 수 있다. 이렇듯 경제지표를 해석할 줄 알아야 투자의 방향을 결정할 수 있다.

그런데 투자 공부하기도 모자란 시간인데, 방대한 양의 경제지표를 다 공부할 필요는 없다. 이 중에서 실제로 투자에 적용할 수 있는 '경기선행지표'에 속하는 대표적인 지표인 '경기선행지수, 물가지수, 장단기 금리차, 구매관리지수, 소비자신뢰지수' 다섯 가지만 알아두면 경제 기사를 볼 때 자신 있게 해석할 수 있다.

그러면 지금부터 각 경제지표들이 무엇을 의미하는지, 어떻게 투자에 연결할 수 있는지 살펴보자.

경제지표의 선두주자, '경기선행지수'

알아야 할 대표적인 경기선행지표 가운데 첫 번째는 경기선행지수다. 이 지수를 알면 미래가 보인다. 경기선행지수를 이해하기 위해서는 우선 '경기종합지수'를 알아야 한다. 경기종합지수는 한 나라의 경기 동향을 쉽게 파악하기 위해 경제에 영향을 미치는 여러 요소들을 계산해 지수화한 지표를 말하는데, 통계청에서 작성해 매달 말에 발표한다.

우리나라의 경기종합지수는 경기선행지수, 경기동행지수, 경기후행지수 3개가 작성되고 있다. 선행지수는 말 그대로 경기를 선행한다는 의미로 경기 동향을 예측하는 지수이고, 동행지수는 현재의 경기 상황을 판단하는 지수, 후행지수는 경기 동향을 사후에 확인하는 지수다.

이 중에서 가장 눈여겨봐야 할 지표는 바로 경기 전망을 예측할

수 있는 경기선행지수다. 재고순환지표, 경제심리지수, 건설수주
액, 코스피 등의 항목을 종합해 지수화해서 나타낸다. 쉽게 말해 기
업의 재고가 얼마나 쌓여 있는지, 기업이나 소비자들의 심리는 어
떤지, 수주는 증가했는지, 주가지수는 얼마나 올랐는지 등을 종합해
지수화한 지표라고 생각하면 된다. 일반적으로 3~6개월간의 경기
전망을 예측하는 지표로 알려져 있지만, 요즘에는 과거와 달리 경기
순환 주기가 짧아지다 보니 정확하게 얼마나 예측할 수 있는지는 알
수 없다는 점을 주의해야 한다.

해석 방법은 간단하다. 100을 기준으로 지수가 100 이상이면 경
기가 좋아질 것으로 해석되고, 그 이하면 경기가 나빠질 것으로 해
석한다. 다만 지수의 절댓값보다는 변동 여부를 파악하는 것이 더
중요하다. 경기선행지수가 100 이하더라도 지난달보다 상승했다면
경기침체에서 회복하는 것을 의미하기 때문이다.

경기선행지수 변동 추이

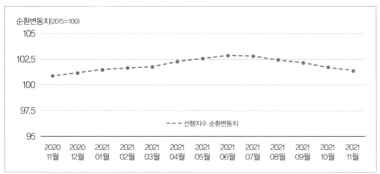

출처: 통계청

경기선행지수의 큰형님, 'OECD 경기선행지수'

우리나라에서 발표하는 경기선행지수도 중요하지만, 경제 선진국 연합체인 'OECD 경기선행지수'를 함께 살펴볼 필요가 있다. 수출 주도적 경제구조를 가지고 있는 우리나라의 산업구조 특성상 글로벌 경기를 가늠할 수 있는 OECD 경기선행지수가 꾸준히 상승한다면 국내 기업의 수출 또한 호조를 보일 가능성이 높기 때문이다. 이를 통해 시장의 방향을 예측하는 데 도움을 받을 수 있다.

33개의 국가가 포함되어 있으며 총지수를 산출할 때에는 OECD 국가별 지수를 산출한 후 각 국가별로 적절한 가중치를 부여해 계산하는데, 우리나라의 경우 미국, 일본, 독일, 영국, 프랑스, 이탈리아, 멕시코에 이어 8번째로 높은 가중치를 부여받고 있다.

이 지수를 해석하려면 '경기'와 '경기순환'에 대한 개념을 먼저 알아야 한다. 경제는 끊임없이 움직이며 변화하기 때문에 경제 상태가 좋을 때도 있고 나쁠 때도 있다. 이와 같은 경제의 움직임을 경기라고 한다. 그리고 경기는 호황과 불황을 번갈아가며 반복하는데, 이러한 현상을 경기순환이라고 한다. 경기는 일반적으로 '확장, 후퇴, 수축, 회복'의 네 단계를 거치며 순환한다.

이를 OECD 경기선행지수에 적용해서 해석하면, 100을 기준으로 100을 넘어서면서 상승 추세를 보이면 확장기, 100을 넘었지만 하락 추세를 보이면 후퇴기, 100 아래로 떨어지면서 하락 추세를 보이면 수축기, 100 아래에 있지만 상승 추세를 보이면 회복기로 평가한다. 따라서 OECD 경기선행지수가 불황기에서 회복기로 넘어가면 조만간 세계경제가 좋아질 것이라고 예측할 수 있고, 확장기에서

OECD 경기선행지수 변동 추이

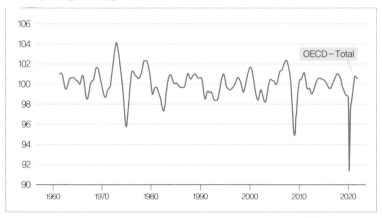

출처: data.oecd.org

후퇴기로 넘어가면 조만간 세계경제가 안 좋아질 것이라고 전망할 수 있다.

다만 OECD 경기선행지수는 약 1~2개월 전의 지표를 기반으로 작성되어 발표되기 때문에, 지표의 조회 시점부터 향후 3~6개월간의 절대적인 경기 전망의 잣대로 활용하기에는 무리가 있다. 따라서 OECD 경기선행지수는 경기 판단에 활용되는 유용한 지표이긴 하지만, 숫자를 절대적으로 해석하기보다는 경제 상황을 함께 고려해야 한다.

금리 방향을 결정하는 '물가지수'

물가지수에서 경기선행지표로 분류되는 지수는 소비자물가를 반영하는 소비자물가지수와 생산자물가를 반영하는 생산자물가지수다.

소비자물가지수

소비자물가지수(CPI, Consumer Price Index)는 소비자가 구입하는 상품이나 서비스의 가격변동을 나타내는 물가지수로 통계청에서 매월 발표한다. 소비자물가지수가 올랐다는 것은 소비자가 구입하는 물건들의 가격이 올라갔다는 말이다. 물건의 가격이 올라간 만큼 해당 물건을 판매하는 회사는 그만큼 매출이 올라간다. 그러면 그 회사의 근로자가 받는 임금도 어느 정도 올라간다. 근로자의 소득이 올라가면 소비도 활발해지면서 순환구조가 나타나게 된다. 따라서 소비자물가지수가 올라가면 인플레이션의 신호로 보기도 한다.

생산자물가지수

생산자물가지수(PPI, Producer Price Index)는 한 나라에서 생산된 재화와 서비스의 가격변동을 나타내는 물가지수로 통계청에서 매월 발표한다. 생산자물가지수가 올랐다는 것은 생산자가 만든 상품과 서비스의 가격이 올랐다는 의미다. 특히 원자재, 인건비 등이 상승할 때 기업은 마진율을 지키기 위해 재화 및 서비스 가격을 올리고, 이는 매출액에 그대로 반영되기 때문에 해당 기업의 주가도 상승세를 보일 수 있다. 이렇듯 생산자물가지수와 주가지수는 매우 밀접한 관계를 가질 수밖에 없다.

지표 해석 방법

물가지수를 해석하는 방법은 간단하다. 기준이 되는 연도의 물가수준을 100으로 하고, 이보다 높으면 기준 시점보다 물가가 상승한 것이고, 반대의 경우 물가가 하락한 것이다. 현재 소비자물가지수와 생산자물가지수의 기준연도는 각각 2020년과 2015년이다. 즉 2020년과 2015년을 기준 삼아 100으로 표시하고, 이보다 오르면 100을 넘겨 물가가 상승했다는 의미이고, 100 아래로 떨어지면 물가가 하락했다는 뜻이다. 참고로 기준연도는 5년마다 새로 설정한다.

이 지표를 왜 봐야 할까

물가지수가 중요한 이유는 중앙은행이 통화정책의 방향을 정할 때 참고하기 때문이다. 즉 이 두 가지 지수의 흐름을 통해 앞으로 금리 방향이 어떻게 될지 전망할 수 있고, 금리 방향에 따른 경기 흐름까지 전망할 수 있다.

예를 들어 소비자물가지수와 생산자물가지수는 2021년부터 급격하게 오르는 흐름을 보이고 있다. 이렇듯 물가지수 통계들이 지나치게 빠른 속도로 높아지면 정부는 물가를 진정시키기 위해 금리 인상을 고민하게 된다. 실제로 한국은행이 2021년 8월에 기준금리 인상을 했음에도 불구하고 물가지수가 계속 오르자 작년 11월과 올해 1월에 한 차례씩 금리를 추가 인상했다. 이렇듯 물가지수가 어떤 흐름을 보이는지 보면 금리인상이 예상될 때 거기에 맞는 경기 흐름의 변화를 생각하면서 투자 전략을 변경할 수 있다.

소비자물가지수 변동 추이

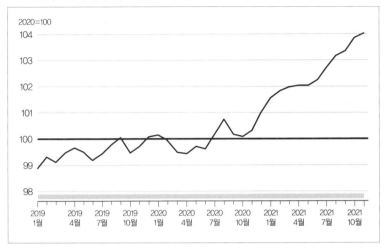

2020=100

출처: 한국은행 경제통계시스템

생산자물가지수 변동 추이

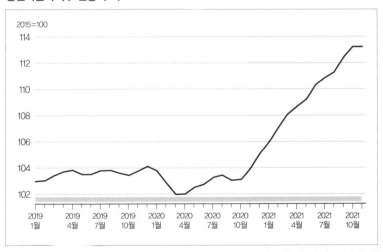

2015=100

출처: 한국은행 경제통계시스템

더불어 미국의 소비자물가지수도 주목할 필요가 있다. 세계경제에 가장 큰 영향력을 행사하는 미국 기준금리의 방향을 결정하기 때문이다. 미국의 GDP(국내총생산) 대비 개인 소비가 차지하는 비중은 2/3로 매우 큰데, 이는 곧 우리나라 교역과 증시에까지 많은 영향을 미친다. 미국 역시 2020년에 풀린 어마어마한 유동성 때문에 2021년부터 소비자물가지수가 빠른 속도로 올라갔다. 큰 폭으로 오른다는 것은 인플레이션을 의미하고, 중앙은행은 인플레이션을 억제하기 위해 금리인상을 고려하게 될 것이다.

실제로 미국 중앙은행 연준의 제롬 파월 의장은 2021년 11월에 "인플레이션이 심각한 위험"이라며 "높은 인플레가 고착화하지 않도록 수단을 사용할 것이다. 인플레 때문에 금리를 더 올려야 할 상황이 오면 그렇게 할 것"이라고 밝혔다. 그러면 앞으로 위험자산인 주식시장에서 돈이 빠져나갈 수 있으니 투자 전략을 변경하는 것을 고려할 수 있다.

미국 소비자물가지수 변동 추이

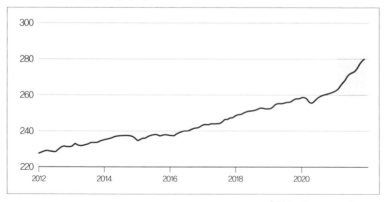

출처: tradingeconomics.com

126

6개월 후를 알려주는 '소비자신뢰지수'

소비자신뢰지수는 소비자를 대상으로 경기에 대한 판단이나 전망 등을 조사해서 경제 상황에 대한 심리를 종합적으로 나타내는 지표다. 즉 소비자의 움직임을 예측하는 지표다. 우리나라는 한국은행에서, 미국에서는 민간기관인 컨퍼런스 보드(Conference Board, CB)에서 소비자신뢰지수를 발표하는데, '소비 대국'인 미국의 소비자신뢰지수를 중심으로 살펴보자.

CB 소비자신뢰지수는 세계 경기의 흐름을 연구하기 위해 각 분야의 브레인들이 모인 비영리기관 컨퍼런스 보드가 매월 마지막 화요일 오전 10시에 발표하는 지수다. 해당 지표는 미국 내 약 5천여 가구를 대상으로 '현재 경제 상황에 대한 소비자의 심리지수'와 '향후 6개월 후 소비자의 기대지수'를 물어본다.

'현재 경제 상황에 대한 소비자의 심리지수'에서는 첫 번째로, 자영업자들에게 '사장님, 요새 장사 잘돼요?'라는 식으로 경영할 만한지를 물어본다. 두 번째로, 고용시장을 파악하기 위해 '요즘 일자리 구하기 쉬운가요?'라고 물어본다. '향후 6개월 후 소비자의 기대지수'에서도 비슷하되 '6개월 후'를 기준으로 물어본다. 예를 들면 '사장님, 6개월 후에 장사가 잘될 거 같으세요?' '6개월 후에 일자리 구하는 게 쉬울까요?'라는 식이다.

지수가 100을 넘으면 소비자들이 경기를 낙관한다는 뜻으로, 소비자들이 지갑을 열어 각종 재화 및 서비스에 대한 소비가 늘어날 가능성이 커진다는 것이다. 반면 100 이하면 소비자들이 경기가 전보다 나빠졌다고 본다는 뜻으로, 소비자들이 지갑을 닫을 가능성이

미국 소비자신뢰지수 변동 추이

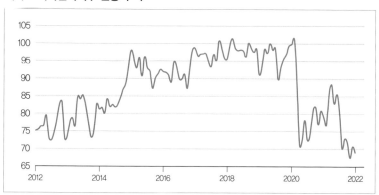

출처: tradingeconomics.com

커진다고 해석한다.

이렇듯 현재 경제 상황뿐만 아니라 6개월 후의 경제 상황에 대한 소비자들의 심리를 포함하기 때문에 대표적인 미국의 경제 상태를 나타내는 경기선행지수 중 하나다. 특히 앞서 언급했듯이 미국은 세계의 소비시장이기 때문에 소비자신뢰지수가 향후 경기와 소비 지출 동향을 파악할 수 있는 중요한 지표로 작용한다. 다만 소비자신뢰지수는 어디까지나 심리 지수이기 대문에 주관성이 크다는 점에 주의해야 한다.

제조업의 미래를 알려주는 '구매관리자지수'

PMI(Purchasing Managers Index)는 말 그대로 구매관리자지수를 말하는데, 매달 400개 이상 기업의 구매담당자를 대상으로 매달 신규 주문·생산·재고·출하 정도·지불 가격·고용 현황 등이 저번달에 비해 어떻게 변했는지 설문조사해 산출된다. PMI 종류는 제조업 PMI, 서비스 PMI, 병원 PMI가 있는데, 이 중에서 경기 전망을 하는 데 가장 도움이 되는 지표인 제조업 PMI를 중심으로 알아보자. 참고로 PMI는 미국 ISM(Institute for Supply Management, 미국의 공급자관리협회)에서 발표하기 때문에 'ISM 제조업 구매관리자지수(United States ISM Purchasing Managers Index, PMI)'라고도 불린다.

그런데 왜 하필 구매관리자에게 설문조사를 하는 걸까? 제조업 회사들은 제품에 대한 수요 변화를 정확히 예상하고 신속하게 대응하여 자재 구매를 늘리거나 줄여야 한다. 이처럼 회사 공급망의 최전선에서 수요 변화를 예측하고 공급량을 조절하는 사람들이 바로 구매관리자다. 그래서 회사 내의 그 누구보다도 업황을 빠르고 정확히 캐치할 수 있는 구매관리자들에게 설문조사를 실시한다. 이렇듯 기업의 구매관리 담당자에게 직접 물어봐서 산출하는 지수이기 때문에 경기 전망에 도움이 되는 지표다.

구매관리자는 조사 항목들에 대해 '개선됨', '변동 없음', '악화됨' 세 가지로만 답변할 수 있는데, 이를 계산해 0~100 사이의 수치로 나타내고, 지수의 기준값은 50이다. PMI 지수가 50이라는 뜻은 저번 달과 이번 달의 수치가 동일하다는 뜻이며, 50보다 클 경우 이번 달 실적이 개선됨을 의미해 경기가 확장될 것을 예측할 수 있고, 50보다 작을 경우 이번 달 실적이 악화됨을 의미해 경기가 수축될 것을 예측할 수 있다.

우리나라의 경우 PMI를 산출하지 않고 대신 이와 유사한 기업경기실사지수(BSI)를 발표하고 있다. 하지만 아이러니하게도 우리나

미국 ISM 제조업 구매관리자지수 변동 추이

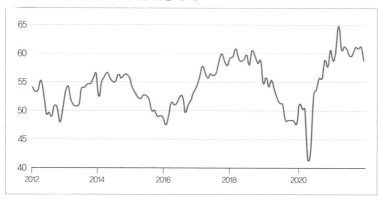

출처: tradingeconomics.com

라 입장에서는 국내 PMI보다 미국의 PMI가 더 중요하다. 이에 대한 이유 역시 우리의 수출의존도가 높다는 점에서 찾을 수 있다. 우리나라는 수출 중심 국가로 그중에서도 반도체, 자동차, 조선업 등 제조업의 수출이 매우 큰 비중을 차지하고 있다. 이러한 제조업 품목의 주요 수출국이 바로 미국이다. 즉 미국의 제조업 전망이 좋아진다는 것은 우리나라의 수출 전망도 좋아진다는 것으로 볼 수 있다. 더불어 세계 최대 소비국인 미국의 제조업 지수가 좋아진다는 것은 전 세계 경제가 살아난다고도 해석할 수 있다.

주식시장 미리보기 '장단기 금리차'

장단기 금리차는 장기금리와 단기금리의 차이를 말한다. 좀 더 자세하게 이해하기 위해서는 우선 '채권'을 알아야 한다. 채권(債券)

이란 한자 뜻 그대로 풀이하면 '빚에 대한 종이'라는 뜻으로, 차용증과 비슷한 의미다. 다만 차용증은 개인과 개인 간에 작성하는 문서라면 채권은 신용도가 높은 국가나 주식회사에서 발행하는 차용증이다. 국가에서 발행하면 '국채', 일반 기업이 발행하면 '회사채'라고 부른다. 이렇듯 채권은 아무나 만들 수 있는 게 아니기 때문에 다른 투자상품에 비해서 안정적인 특징이 있어 안전자산으로 분류된다.

차용증에도 만기가 있듯이 채권에도 만기가 있다. 만기에 따라 받을 수 있는 채권금리가 달라지는데, 만기가 긴 채권금리는 장기금리, 만기가 짧은 채권금리는 단기금리라고 부른다. 일반적으로 장기금리는 단기금리에 비해 금리가 높다. 만기가 길수록 어떤 일이 벌어질지 모르지만, 그 기간만큼의 리스크를 감수하기 때문이다. 따라서 장기금리가 단기금리보다 높은 것이 일반적이다.

하지만 반대로 단기금리가 장기금리보다 높은 경우가 발생하기도 한다. 바로 이 현상을 '장단기 금리역전'이라고 표현한다. 언제 이런 현상이 발생할까? 보통 투자자들은 경기가 계속 좋을 것이라고 예상하면 금리가 높은 장기채권에 투자하려는 수요가 많아지고, 경기가 안 좋아질 것이라고 예상하면 금리가 높지는 않아도 빨리 현금화할 수 있는 단기채권에 대한 투자 수요가 많아진다. 그런데 투자자들이 경기를 장기적으로 매우 안 좋게 생각해서 빨리 현금화할 수 있는 단기채권에 몰리면 단기금리가 장기금리보다 높아지는 역전 현상이 일어난다. 따라서 이런 경우 투자자들의 경기침체에 대한 우려가 매우 크다고 해석할 수 있다.

이렇듯 장단기 금리는 경기 전망에 영향을 받아서 움직이기 때문

미국 장단기 금리차 변동 추이

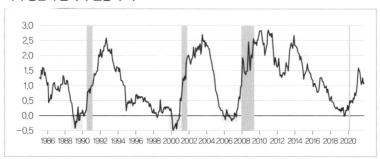

출처: fred.stlouisfed.org

에 이 둘의 차이가 크게 벌어지면 일반적으로 장기금리가 상승하고 있다는 것으로 해석한다. 즉 장기적으로 경기를 낙관적으로 전망하는 사람들이 많아져 경기가 과열되고 있다고 판단할 수 있다. 반대로 장단기 금리 차이가 축소되면 경기를 부정적으로 전망하는 사람들이 많아져서 단기금리가 급등하고 장기금리 상승이 더디다고 해석한다. 참고로 여기서 장기금리는 미국의 10년물 국채금리, 단기금리는 미국의 2년물 국채금리를 의미한다.

위 미국의 장단기 금리차 지표를 보면 알 수 있듯이 보통 장기금리가 단기금리보다 높아 양의 값을 갖는데, 역전이 됐다는 것은 금리 차이가 0 밑으로 떨어졌다는 뜻이다. 지난 역사를 봤을 때 장단기 금리가 역전된 후 1~2년 내에 불황이 찾아온 것을 볼 수 있다.

그래프를 보면 2000년 2월에 역전된 이후 닷컴버블이 터졌고, 2006년 6월에 역전된 이후 2008년 금융위기가 터졌으며, 2019년 8월에 역전된 이후 2020년 3월에 코로나 위기가 터졌다. 따라서 장단기 금리차가 마이너스가 될 때는 점진적으로 위험자산의 비중을 줄이고 달러와 같은 안전자산의 비중을 늘리고, 반대로 확대될 때는 점진적으로 달러의 비중을 줄이고 저평가된 주식이나 부동산에 투자하는 것이 현명한 투자 전략이 될 수 있다.

　다만 1980년대에도 장단기 금리차가 역전되었지만, 이후 경제위기가 아니라 오히려 경제호황이 시작되었다. 이렇듯 장단기 금리차 역전이 발생한다고 해서 무조건 경제위기가 오는 것은 아니다. 또한 역전 현상이 1개월 이상 지속적으로 발생해야 의미 있는 해석이 가능하기 때문에 앞으로 장단기 금리 역전 현상이 단기간에 그칠지 장기화되는지가 중요하다.

돈이 보이는 '금융'

금융이란?

금융이란 '자금의 융통'을 줄인 말이다. 융통의 사전적 정의는 '금전 및 물품 등을 서로 돌려쓴다'는 것이다. 이를 금융의 의미에 적용하면, 금융이란 돈을 빌려주고 받는 모든 행위를 의미한다. 따라서 금융시장이란 돈을 빌려주고(자금 공급자) 받는(자금 수요자) 경제주체들의 거래가 일어나는 시장이다. 말이 거창해서 그렇지 우리가 흔하게 은행에 적금을 가입하는 것 또한 금융시장에서 금융거래를 하는 것이다. 이때 개인이 자금 공급자가 되는 것이고, 은행이 자금 수요자가 된다.

이렇듯 금융시장은 자금 공급자와 수요자를 연결해 주는 것뿐만 아니라 경제주체들이 다양한 금융상품을 이용해서 필요한 자금을 마련하거나 금융자산을 불릴 수 있도록 해준다. 참고로 여기서 말하는 금융자산이란 예적금, 주식, 펀드, 채권 등을 가리키고, 비금융자산은 부동산, 금, 골동품 등처럼 형체가 있는 자산들을 말한다.

금융기관의 종류

금융기관이란 돈을 빌려주고 받는 거래를 중개하는 기관이다. 금융기관은 크게 제1금융권과 제2금융권으로 나뉜다. 제1금융권은 은행으로 이해하면 쉽다. 여기에 속한 은행은 특수은행, 일반은행, 지방은행으로 나뉘어진다. 특수은행은 정부가 특별한 목적으로 설립한 은행을 말하는데, 수출입은행이 대표적인 예다. 일반은행은 우리가 잘 아는 국민은행, 신한은행 등을 말하며, 지방은행은 대구은행, 부산은행과 같이 지방의 금융을 원활히 하기 위해서 설립된 은행을 가리킨다.

제2금융권은 은행을 제외한 모든 금융기관을 지칭한다. 종합금융사, 투자신탁사, 보험사, 증권사, 여신금융사, 상호저축은행 등이 제2금융권이다. 제2금융권은 제1금융권의 은행에 비해 대출 절차가 비교적 간편하지만 대출 이자가 높다는 단점이 있다.

그러면 제3금융권도 있을까? 있다. 흔히 대부업체나 사채업체가 여기에 속한다. 대출 절차가 제1, 2금융권에 비해 간편하지만 대출 이율이 매우 높다.

파생금융상품, 이해하면 어렵지 않다

대표적인 금융상품으로는 외환, 예적금, 주식, 채권 등이 있다.

외환은 달러 같은 외국 돈을 사두는 것이고, 예적금은 흔히 은행에 저축하는 예적금 통장을 말한다. 하지만 이런 기초적인 금융상품을 쉽게 설명해 주는 책은 많으니, 한 단계 더 나아가서 만들어진 '파생 금융상품'을 소개하겠다.

파생금융상품은 이름에서 느껴지듯이 기초 금융상품에서 파생되어 만들어진 상품이다. 즉 주식, 외환 등 기초 금융상품의 '가격의 움직임'에 투자하는 금융상품이다. 대표적인 파생금융상품은 '선물'과 '옵션'이 있다. 이름부터 벌써 어렵게 느껴지지만, 경제 기사에 자주 보이는 용어이니 지금부터 차분하게 하나씩 이해해 보자.

'선물'이란

선물이란 한자로 '먼저 선(先)', '물건 물(物)'이 합쳐진 말인데, 그대로 직역하면 물건을 먼저 사두는 것을 의미한다. 왜 물건을 사둘까? 예를 들어 떡집 사장님이 쌀농사를 짓는 농부한테 쌀을 직접 사서 떡을 만들어 판다고 가정하면, 원재료가 쌀이니까 농부와 계약을 해야 한다. 이 쌀 계약을 분기 단위로 하고, 떡집 사장님이 3분기(7, 8, 9월) 동안 사용할 쌀을 계약하려고 한다.

그런데 뉴스에서 "한동안 기후변화로 올해 하반기 쌀농사가 흉작일 것"이라는 내용이 나왔다. 그러면 떡집 사장님은 쌀가격이 크게 오를까 봐 걱정이 돼서 '많이 오르기 전에 사둬야 하는데… 미리 정해진 가격으로 계약할 수 없을까?'라는 생각을 하게 된다. 그래서 농부한테 다음과 같이 제안한다.

"지금 쌀이 1kg에 10,000원이지만, 3분기에 공급받을 쌀가격을

1kg에 12,000원으로 계약합시다."

그러면 농부 입장에서는 나쁘지 않다. 1kg당 2,000원 이득이 니까. 게다가 농부가 생각하기에는 오히려 올해 하반기에 쌀농사 가 잘될 것 같다. 하지만 정말로 흉작이 일어나서 쌀 가격이 1kg에 15,000원까지 오르면 농부는 손해를 보게 된다.

반면에 떡집 사장님은 이미 1kg에 12,000원으로 거래하기로 계약 을 한 거니까 3,000원 이득을 보게 된다. 그러나 반대로 농부 생각대 로 쌀농사가 너무 잘돼서 공급이 많아져 쌀 가격이 1kg에 9,000원 으로 하락하면 농부가 이득을 보고, 떡집 사장님은 손해를 보게 된 다. 이렇듯 미래의 손익을 고려해서 미리 거래하는 것을 선물이라 고 한다. 그래서 영어로는 'futures'라고 한다.

주식시장에서 선물이란 무엇인가

자, 그러면 이 상황을 금융시장에 해당하는 주식시장으로 가져와 서 이해해 보자. 주식시장에서는 어떤 선물을 거래할까? 실제로 주 식시장에서 정말 이 쌀을 갖고 거래를 하는 것은 아니다. 대신에 쌀 가격이 오를지 내릴지에 대해 베팅하는 선물거래가 있다. 쌀뿐만 아니라 원유, 금, 은, 구리 등에 투자하는 '상품선물'이 있고, 지수나 채권, 외화 등에 투자하는 '금융선물'이 있다.

이 중에서 투자자가 꼭 알아야 하는 것은 바로 '지수선물'이다. 국내 주식시장에서 가장 대표적인 지수선물 상품은 'KOSPI200지 수' 선물로, KOSPI200지수가 오를지 내릴지를 알아맞히는 거래 에 투자하는 상품을 말한다. 즉 KOSPI200선물을 매수하는 것은

KOSPI200지수가 오른다고 예상하는 쪽에 돈을 거다는 의미이고, KOSPI200선물을 매도하는 것은 KOSPI200지수가 하락할 것으로 예상하는 쪽에 돈을 베팅하는 것이다.

그다음 미리 정해놓은 결제일인 선물 만기일에 가서 결과를 제대로 맞혔느냐 여부로 투자 성패가 결정된다. 그렇다면 왜 선물 만기일이 있는 걸까? 앞서 예시로 돌아가보자. 쌀 가격이 9,000원으로 하락했을 때 떡집 사장님은 선물거래로 계약했으니 9,000원이 아니라 12,000원을 주고 쌀을 사야 한다. 그러면 솔직히 누구라도 떡집 사장님이라면 실제로 거래되는 가격보다 비싸게 사고 싶지는 않을 것이다. 그렇다고 해서 선물거래를 취소하면 농부 입장이 곤란해진다.

이렇듯 쌀을 안 사려고 할 수도 있기 때문에 이런 일이 없도록 한국거래소에서 선물거래를 할 때 가이드라인을 만들었다. 바로 매 분기별로 두 번째 목요일을 만기일로 만들어서 상황이 어떻든 만기일에 반드시 거래하기로 했던 금액으로 결제하도록 제도를 만들었다. 참고로 선물 상품은 분기별로 나눠서 3월물·6월물·9월물·12월물 이렇게 네 가지가 있다.

'옵션'이란

옵션은 우리말로 번역하면 '선택권'이다. 즉 해도 되고 안 해도 되는 것. 쉽게 이해하기 위해 앞서 예시로 들었던 농부와 떡집 사장님 이야기로 다시 돌아가보자. 원래는 쌀이 1kg에 10,000원인데, 떡집 사장님은 3분기에 쌀 가격이 폭등할 것 같아서 이때 사용할 쌀을 미리 1kg에 12,000원으로 계약했다. 그런데 예상과는 다르게 쌀 가격이 9,000원으로 하락했을 때 떡집 사장님은 선물거래로 계약했으니 9,000원이 아니라 무조건 12,000원으로 쌀을 사야 한다. 하지만 선물거래가 아닌 '옵션거래'로 계약했다면 이 계약을 취소할 수 있다. 이렇듯 선물의 강제성을 보완하기 위해서 등장한 것이 옵션이다.

즉 쌀 가격이 폭등할 것 같아서 미리 계약은 하고 싶은데 한편으로는 폭락할 수도 있다는 걱정도 되니까 1kg에 12,000원으로 거래할 수 있는 '권리'만 계약을 하는 것이 옵션이다. 예를 들어 떡집 사장님은 농부에게 '옵션'거래를 제안할 때 이렇게 말할 수 있다. "3분기에 쌀 1kg에 12,000원으로 계약하고 싶어요. 하지만 조건이 있어요. 제가 사기 싫으면 안 사도 되는 걸로 해요. 대신에 계약금 100만 원 걸어서 옵션거래 가격으로 안 사면 계약금은 받지 않을게요."

이렇듯 옵션으로 계약을 하면 '계약금'을 걸어두고, 만기일이 되었을 때 권리를 포기하면 계약금은 돌려받지 못한다. 쉽게 말해서 음식점에서 노쇼(No Show) 방지를 위해 당일에 예약을 취소하면 예약금을 돌려주지 않는다는 조건으로 예약을 받는 것과 비슷하다.

콜옵션과 풋옵션, 한 방에 정리하기

옵션은 살 수 있는 권리를 뜻하는 '콜옵션(Call Option)'과 팔 수 있는 권리를 뜻하는 '풋옵션(Put Option)'으로 나뉜다. 쉽게 말해서 "이거 살래?"라고 했을 때 "콜!" 해서 매수할 수 있는 권리가 콜옵션이고, 풋(put)은 많은 뜻이 있지만 '놓다'라는 뜻도 있다. 즉 풋옵션이란 '권리를 내려놓다'라는 뜻으로, 매도할 수 있는 권리를 말한다.

예를 들어 떡집 사장님은 3분기에 쌀 가격이 15,000원까지 상승할 것이라고 예상해서 3분기에 12,000원에 살 수 있는 권리를 행사할 수 있는 옵션계약을 체결하고 싶어 할 것이다. 바로 여기서 '3분기에 12,000원에 살 수 있는 권리'가 콜옵션에 해당한다.

반대로 농부는 3분기에 쌀 가격이 8,000원까지 하락할 것이라고 예상을 하고 있다면, 3분기에 10,000원에 팔 수 있는 권리를 행사할 수 있는 옵션계약을 체결하고 싶을 것이다. 바로 여기서 '3분기에 10,000원에 팔 수 있는 권리'가 풋옵션에 해당한다. 그래서 농부는 떡집 사장님에게 다음과 같이 제안할 수 있다. "3분기에 쌀 1kg에 10,000원으로 계약하고 싶어요. 하지만 그때 가서 쌀값이 오르면 제가 안 팔아도 되는 걸로 해요. 대신에 계약금 100만 원 걸고, 제가 하반기에 10,000원에 안 팔면 계약금은 받지 않을게요."

주식시장에서 옵션은 무엇인가

그러면 이 예시를 주식시장에 그대로 적용해 보자. 예를 들어 KOSPI200지수가 현재(8월이라고 가정) 400포인트인데 9월에 450포인트까지 상승할 것으로 예상하는 A라는 투자자가 있다고 가정해 보자. 그러면 투자자 A는 9월에 KOSPI200지수가 450포인트까지 상승한다는 것을 맞히는 투자에 베팅할 것이다. 즉 450포인트가 되었을 때 400포인트 가격에 살 수 있는 권리인 '콜옵션'을 매수하려고 할 것이다. 그러면 400포인트에 사서 450포인트에 팔면 50포인트라는 이득을 볼 수 있기 때문이다. 바로 이게 떡집 사장님이 제안한 '콜옵션 매수'에 해당한다.

반대로 KOSPI200지수가 현재(8월 가정) 400포인트인데 9월에

350포인트까지 하락할 것으로 예상하는 B라는 투자자가 있다고 가정해 보자. 그러면 투자자 B는 9월에 KOSPI200지수가 350포인트까지 하락한다는 것을 맞히는 투자에 베팅할 것이다. 즉 350포인트가 되었을 때 400포인트 가격에 팔 수 있는 권리인 '풋옵션'을 매수하려고 할 것이다. 그러면 9월에 실제로 KOSPI200지수가 350포인트로 떨어졌을 때 투자자 B는 400포인트에 팔 수 있어 50포인트라는 이득을 볼 수 있다. 바로 이게 농부가 제안한 '풋옵션 매수'에 해당한다.

참고로 선물거래와 마찬가지로 옵션거래도 쌀뿐만 아니라 원유, 금, 은, 구리 등에 투자하는 '상품옵션'이 있고 지수나 채권, 외화 등에 투자하는 '금융옵션'이 있다. 그리고 역시나 이 중에서도 투자자들이 반드시 알아야 하는 것은 바로 'KOSPI200지수 옵션'이고, 옵션 만기일은 매월 두 번째 목요일이다.

선물옵션을 투자에 활용하기

선물옵션은 개인투자자들이 투자하기에는 위험이 너무 크기 때문에 이보다 깊이 있게 이해할 필요는 없다. 그냥 단순하게 콜옵션이나 선물 매수 계약이 많으면 '투자자들이 KOSPI200지수 상승에 베팅하고 있구나'라고, 풋옵션이나 선물 매도 계약이 많으면 '투자자들이 KOSPI200지수 하락에 베팅하고 있구나'라고 해석하면서 주식시장을 전망하는 데 참고 정도만 하면 된다.

또한 선물옵션을 종합해 보면 선물은 1년에 4번 만기일이 있으며, 옵션은 1년에 12번의 만기일이 있다. 이 중 3, 6, 9, 12월 둘째

주 목요일에 만기일이 겹치는데, 바로 이날을 '선물옵션 동시 만기일'이라고 한다. 이날은 주가가 막판에 요동치며 투자자들을 혼란스럽게 만들기 때문에, 이를 두고 '마녀가 심술을 부리며 돌아다닌다'라고 하여 '네 마녀의 날(quadruple witching day, 쿼드러플 위칭데이)'이라 부른다.

여기서 네 마녀는 주가지수 선물·옵션(KOSPI200선물·옵션), 개별주식 선물·옵션 이렇게 총 네 가지 파생상품을 말한다. 하지만 마녀의 힘이 예전 같지 않아서 매번 주가가 요동을 치는 것은 아니다. 따라서 오히려 네 마녀의 날이라는 '재료'로 주가가 하락한다면 저가에 매수할 수 있는 기회가 될 수 있다.

글로벌 시장을
보여주는 '무역'

_____

_____

_____

국가의 가계부, '국제수지'

무역이란 나라와 나라끼리 서로 거래하는 것이다. 한국은 무역의 존도가 매우 높은 나라이기 때문에 무역과 관련된 지표를 알아야 우리나라의 경제 상황을 판단할 수 있다. 무역과 관련된 지표는 여러 가지가 있지만, 이 중 가장 중요한 국제수지를 중심으로 살펴보자.

우리가 가계부에 수입과 지출을 기록하듯이 국가도 외국과 거래한 내역을 수입과 지출로 나누어 기록하는데 이를 국제수지라고 한다. 쉽게 말해서 정부가 국제적 거래를 통해 다른 나라에서 벌어들인 수입과 다른 나라에 지출한 돈(수출)을 집계한 가계부와 같다. 그래서 어느 나라에서 무엇을 얼마나 샀고, 어느 나라에 무엇을 얼마나 팔았는지 등의 내역이 담겨 있다. 국제수지에서 '수지'란 '수입과 지출'의 줄임말이다.

따라서 국제수지가 흑자를 기록하면 다른 나라에서 벌어들인 수입이 많다는 뜻으로, 외화가 많이 들어왔다는 의미다. 반대로 적자를 기록하면 다른 나라에 지출한 돈이 더 많다는 뜻으로, 외화난에 시달리게 될 수 있다. 실제로 1997년 IMF 외환위기 당시 국제수지가 적자를 기록했다. 이렇듯 국제수지 흐름을 읽을 수 있어야 국가의 경제 상황을 파악할 수 있다.

개인이 가계부를 작성하는 이유와 국가가 국제수지를 작성하는 이유는 크게 다르지 않다. 수입과 지출을 통제함으로써 올바른 재정계획을 세우기 위함이다. 즉 어느 정도의 돈이 우리나라에 어떠한 방식으로 들어왔고, 얼마의 돈이 어떻게 나갔는지를 알아야 국가 경제활동의 재정계획을 수립할 수 있다.

국제수지는 크게 경상수지와 자본수지로 나뉘는데, 경상수지는 상품이나 서비스 거래를 대상으로 하는 지표인 반면에, 자본수지는 말 그대로 외화가 들어오고 나간 것의 차이를 나타낸다. 즉 돈이 이동한 결과를 보여준다. 예를 들어 우리나라 금융기관이 해외에 투자한 주식 투자금이 크면 자본수지는 마이너스가 되고, 외국인이 국내 주식시장에서 주식을 많이 사면 플러스가 된다. 보통 경제 기사에서는 자본수지보다 경제에 영향을 더 많이 미치는 경상수지를 주로 다루기 때문에 이것을 중심으로 살펴보자.

경상수지란 무엇인가

경상수지란 국제적 거래를 통한 상품이나 서비스의 수출과 수입의 차이를 의미한다. 쉽게 말해서 외국과 상품이나 서비스를 얼마나 거래했는지 보여주는 지표다. 한국은행이 매달 첫째 주에 발표하는데, 이때 흑자 또는 적자인지를 확인하는 것이 중요하다. 0을 기준으로 이보다 높으면 흑자, 낮으면 적자를 의미한다.

경상수지가 흑자라는 것은 우리나라에서 만든 각종 상품 및 서비스가 많이 팔렸다는 의미이고, 반대로 경상수지가 적자라는 것은 우리나라가 외국에 수출을 한 것보다 우리나라가 외국에서 수입한 것이 더 많았다는 의미다. 또한 경상수지의 구성 항목은 상품수지, 서비스수지 등이 포함되어 있어 어떤 곳에서 제일 많은 돈이 유출되는지도 알 수 있다. 더불어 어떤 나라에서 이익을 보고, 어떤 나라에 밑지고 있는지도 알 수 있다.

경상수지 변동 추이

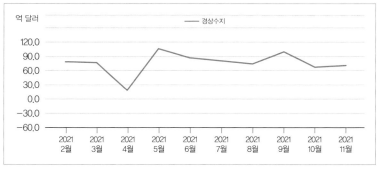

출처: 네이버, 한국은행

'경상수지 흑자', 마냥 좋은 것은 아니다

경상수지 흑자가 나면 외국에서 들어온 돈이 외국에 나간 돈보다 많다는 뜻이기 때문에, 그렇게만 보면 경상수지 흑자가 무조건 좋은 것 같다. 이렇게 늘어난 외화로 외국에서 빌린 돈을 갚거나 다시 외국에 투자할 수도 있다. 특히 1997년과 같은 외환위기를 겪지 않으려면 경상수지 흑자를 통해 외환보유고를 늘려야 한다.

하지만 경상수지 흑자가 마냥 좋은 것은 아니다. 왜냐하면 우리나라가 흑자가 난 만큼 교역국에서는 적자가 나기 때문에 '우린 너네 물건 많이 사는데, 너네는 왜 우리 물건 안 사?'라는 불만을 갖고 무역 갈등이 생길 수 있기 때문이다. 실제로 미국이 중국과의 무역에서 과도한 적자를 보고 있다고 불만을 제기하면서 미국과 중국의 무역 갈등이 시작되었다. 2018년 7월 미국은 미국으로 들어오는 중국 수입품 700여 개의 항목에 25%를 추가하는 보복관세를 부과하였다. 이렇듯 과도한 경상수지 흑자는 국제적 무역마찰의 원인이 될 수 있기 때문에 균형을 이루는 것이 중요하다. 다만 미국과 같이 기축통화를 발행하는 나라가 아니라면 다른 나라의 재화 및 서비스를 구입할 때 사용되는 달러가 부족해지기 때문에, 미국과 교역하는 국가들은 어쩔 수 없이 경상수지 흑자를 선호하게 될 수밖에 없다.

경상수지와 '환율, 금리, 주식'의 관계

경상수지의 움직임에 따라 글로벌 영향을 받는 환율, 금리, 주식의 움직임도 변한다. 경상수지가 상승할 때와 하락할 때로 나누어서 살펴보자.

먼저 경상수지가 상승할 경우 수입 대비 수출이 증가한다. 대부분의 무역은 달러로 거래하기 때문에 달러의 공급도 증가해 원달러환율이 하락한다. 즉 우리나라로 들어오는 달러가 많아져 원화에 비해 상대적으로 가치가 떨어지기 때문이다. 또한 기업은 수출로 번 달러를 원화로 바꿔야 하기 때문에 수출이 더 많을수록 원화로 환전되는 양이 많아진다. 그러면 국내 통화량이 증가하게 되고, 돈의 가치가 떨어지면서 돈의 가격을 의미하는 금리도 하락한다. 이에 따라 유동성이 증가하고, 수출기업이 해외에서 벌어들인 외화가 많다는 것은 기업의 이익이 증가했다는 것을 의미하기 때문에 주가 상승을 기대할 수 있다.

반대로 경상수지가 하락하면 수입 대비 수출이 감소해, 달러의 공급도 줄어들어 원달러환율이 상승한다. 국내로 들어오는 달러가 줄어들면 달러의 가치가 원화에 비해 상대적으로 올라가기 때문이다. 또한 수입이 늘고 수출이 감소했다면 달러가 그만큼 국내에서 빠져나간 것이기 때문에 수출기업이 달러를 원화로 바꾸려는 수요가 줄어든다. 그러면 국내 통화량이 줄고 금리가 상승한다. 금리가 상승하면 굳이 위험을 감수하고 주식에 투자하려는 사람들이 줄어들면서 주식시장은 하락세를 보인다.

핵심만 정리하자면 국내 기업들이 장사를 잘해서 흑자가 났다면 증시는 전반적인 상승장을 보일 가능성이 크고, 경상수지가 적자일 때는 그 반대로 움직일 수 있다. 다만 경상수지는 흑자인지 적자인지보다 그 규모와 추세가 더 중요하기 때문에 이번 달에 흑자를 기록했다고 해서 주식시장이 무조건 상승하는 것은 아니라는 점을 주의해야 한다.

3장

돈 벌어주는
경제신문 읽기: 준비

국제면을 읽으면 글로벌 흐름이 보인다

반드시 챙겨 봐야 할 국제 기사

우리나라는 누가 뭐래도 수출로 먹고사는 나라다. 따라서 수출 상대국이 어려워지면 함께 어려워질 수밖에 없는 구조를 갖고 있다. 특히 수많은 교역국 중에서 가장 신경 써야 할 국가는 우리나라의 수출 비중 1, 2위를 차지하는 중국과 미국이다. 산업통상자원부에 따르면 2021년 기준으로 중국이 25.3%, 미국이 14.8%의 수출 비중을 차지하고 있다.

또한 UN 산하기구 유엔무역개발회의(UNCTAD) 보고서에 따르면 2020년 기준으로 중국이 세계 수출에서 차지하는 비중이 14.7%로 1위를 차지한다. 이는 각각 2위, 3위를 차지한 미국(8.1%), 독일(7.8%)보다 훨씬 높은 비중이다. 반대로 수입 규모는 미국이 가장 많다. 세계무역기구(WTO)에 따르면 2020년 기준으로 미국이 세계 수입에서 차지하는 비중은 14.6%, 중국은 12.4%를 차지한다.

그래서 중국은 세계의 공장, 미국은 소비대국이라고 불리고, 두 국가는 우리나라뿐만 아니라 글로벌 경제에 미치는 영향이 크다. 따라서 국제면에서 미국과 중국과 관련된 경제지표, 정책, 금리 등의 기사가 나온다면 절대 그냥 지나치면 안 된다.

국제면 필독 기사 '반도체'

국제면에 자주 등장하는 중국과 미국의 반도체 관련 정책기사는 반드시 챙겨 봐야 한다. 왜냐하면 우리나라가 미국과 중국에 수출하는 품목 중 반도체가 늘 1~3위 안에 항상 자리 잡고 있기 때문이다.

산업통상자원부에 따르면 2021년 기준으로 우리나라에서 미국에 수출하는 상위 품목 Top3는 자동차(17.4%), 일반 기계(10.4%), 반도체(9.1%) 순이다. 더불어 우리나라에서 중국에 수출하는 상위 품목 Top3는 2021년 기준으로 반도체(31.2%), 석유화학(13.2%), 일반 기계(7.9%) 순이다.

그래서 미국과 중국의 반도체 정책 및 반도체 기업의 사업 방향에 따라 우리나라 정부의 반도체 산업 정책과 기업의 사업 방향도 달라질 수 있다. 따라서 관련 정보를 살펴보면서 우리나라에 어떤 영향을 미칠지 생각해봐야 한다.

예를 들어 국제면에서 미·중 간 반도체 패권 경쟁이 심해진다는 기사를 봤다면 우리나라에서 반도체 산업을 주도하는 삼성전자에게 어떤 영향을 미칠지를 생각해 보자. 이때 과거 사례 분석을 적용해 보는 게 도움이 될 수 있다.

과거 삼성전자의 경우에는 1986년 미국과 일본의 반도체협정 이후 일본 업체 몰락으로 글로벌 반도체 선두주자로 도약할 수 있었고, 2020년에 미국의 중국 화웨이 기업 규제로 인해 스마트폰 시장에서 화웨이의 추격을 따돌릴 수 있었다.

하지만 과거와 달리 최근 미국의 반도체 규제 방향은 '미국 반도체 산업의 자립'이기 때문에 긍정적인 효과만 볼 수 있는 상황이 아니다. 실제로 2021년 9월에 미국 상무부는 반도체 공급망 상황을 자체적으로 조사하겠다며 글로벌기업들의 반도체 재고 수량과 주문 내역, 제품별 매출, 고객사 정보 등 총 26문항을 자료 형태로 제출하라고 요구했다. 이에 국내 반도체 기업 삼성전자와 SK하이닉스는 울며 겨자 먹기로 관련 자료를 제출했다.

이렇듯 과거 사례를 참고하면서 국제면에서 보이는 반도체 관련 이슈가 단순히 미국과 중국만의 문제가 아님을, 즉 그로 인해 우리 반도체 기업들에 미치는 긍정적·부정적 영향들을 함께 생각해 보는 것이 중요하다.

글로벌 경기를 미리 알려주는 '원자재' 3인방

금리, 환율 등의 경제지표로 글로벌 경기 흐름을 읽을 수 있지만, 국제면에 자주 등장하는 원자재 가격 흐름 역시 경기 흐름을 읽기 좋은 지표다. 왜냐하면 경기 흐름에 따라 원자재 수요와 공급이 달라지기 때문이다. 경기 흐름의 영향을 받는 대표적인 원자재는 원유, 구리, 금을 꼽을 수 있다.

미국 대통령 지지율을 쥐락펴락하는 '유가'

〈워싱턴포스트〉와 ABC뉴스가 2021년 11월에 미국 성인 1001명을 대상으로 미국 바이든 대통령의 지지율을 조사한 결과 41%로 취임 후 역대 최저를 기록했다. 가장 큰 이유는 '물가상승(인플레이션)' 때문이었다. 응답자 절반 가까이가 인플레이션 원인으로 바이든 대통령을 지목한 것이다. 이에 바이든 대통령은 '국제유가' 안정을 통해 인플레이션을 낮추자며 2021년 11월 15일, 중국·한국·일본·인도 등 주요 석유 소비국에 비축유(만일의 경우에 대비하여 미리 저장해둔 석유) 방출을 요구했다. 물가상승과 국제유가는 무슨 관계가 있길래 이런 조치를 취했을까?

유가는 '원유 가격'의 줄임말로 경제신문 국제면에 자주 등장하는 용어다. 원유는 플라스틱, 자동차 원료, 화학제품 등의 원재료가 된다. 그래서 우리가 일상생활에서 사용하고 있는 제품들 중 원유로 만들어지지 않은 것이 거의 없을 정도다. 이렇듯 소비자의 실생활과 매우 밀접하게 연관되어 있기 때문에 유가가 상승하면 물가도 상승한다. 원재료가 상승하니 제품 가격을 올리게 되는 것이다. 물가가 오르면 소비는 자연스럽게 줄어들게 되고 경제 전망도 부정적으로 변하면서 대통령 지지율에까지 영향을 미치는 것이다.

따라서 시장은 일반적으로 유가가 오르면 경기가 나빠질 수 있는 신호로, 유가가 떨어지면 경기가 좋아질 수 있는 신호로 받아들인다. 하지만 유가가 우리 경제에 끼치는 영향은 복잡하기 때문에 절대적인 법칙은 아니다.

예를 들어 만약 원유 가격이 오른 이유가 세계경제가 좋아져서 수요가 증가해 상승한 것이라면? 이 경우, 세계 경기 회복으로 우리 나라의 수출이 늘어나 경제에 좋은 영향을 끼칠 수 있다. 즉 유가가 오르면 물가상승으로 인해 경기침체가 우려될 수 있지만, 오히려 세계경제가 호황이라서 유가가 오르는 것이라면 좋은 신호로 해석할 수 있는 것이다.

따라서 유가가 상승하든 하락하든 그 원인을 먼저 파악하는 게 중요하다. 특히 원인을 파악할 때는 수요와 공급의 관점에서 바라봐야 한다. 유가도 수요와 공급의 원칙에 영향을 받기 때문이다. 유가가 올랐다면 수요가 늘었거나 공급이 줄었을 때라고 볼 수 있고, 유가가 하락했다면 수요가 줄었거나 공급이 늘었을 때라고 볼 수 있다.

원인을 파악한 후에는 원유를 원재료로 사용하는 기업 중에서 어떤 업종이 수혜를 보고 피해를 볼지 사고를 확장해 보자. 일반적으로 유가상승은 정유(원유를 정제해서 파는 곳), 조선, 건설 업종에 호재로 작용한다. 정유업체의 경우에는 유가가 오르면 미리 사둔 원유 재고 평가액이 늘어나기 때문이다. 쉽게 말해서 미리 사둔 원유의 값이 상대적으로 저렴해진다. 조선업종과 건설업종은 유가상승에 따른 낙수효과(유가상승 → 경기회복 → 운송 수요 증가 → 발주 증가) 때문에 호재로 작용한다.

조선업종은 배를 만드는 것뿐만 아니라 원유를 채굴할 때 사용하는 설비를 만드는 해양플랜트 사업도 운영한다. 통상 유가가 배럴당 60달러를 넘을 경우 수익 창출이 가능해져 해양플랜트 수주가 늘어난다. 건설업종은 주요 수주 고객이 산유국인 중동국가인데, 유가가 상승하면 원유로 먹고사는 중동국가의 경기회복으로 인해 건설 발주가 증가할 것이라는 기대감이 반영된다.

반면 일반적으로 유가상승은 석유화학, 항공, 해운 업종에 악재로 작용한다. 이 업종 모두 원재료가 원유이기 때문이다. 석유화학업계는 정유사에서 원유를 사 와서 가공한 나프타(Naphtha, 정제되지 않은 가솔린)를 구입한 후 우리 일상에서 쉽게 접하는 비닐, 일회용품, 플라스틱 등의 기초 원료가 되는 각종 물질을 생산한다. 따라서 유가가 오르면 정유사에서 원재료 가격을 올려 판매하므로 석유화학업종은 원재료 가격이 부담스러워진다. 항공과 해운업계는 유가가 오르면 연료비 부담이 증가한다. 영업비용에서 유류비가 차지하는 비용이 20~30% 안팎이기 때문이다.

하지만 이 또한 절대적인 공식은 아니다. 예를 들어 항공사의 경

유가 변동 추이

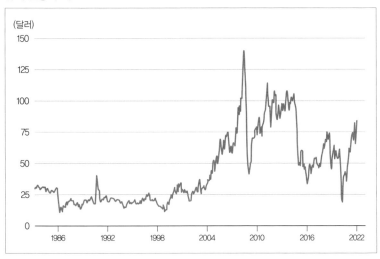

출처: tradingeconomics.com

우에는 유가가 상승하면 운임료에 유가상승분을 전가할 수 있기 때문에 꼭 피해를 보는 것만은 아니다. 하지만 운임료가 가파르게 오르면 고객을 잃을 수 있다.

또한 유가는 실제로 수요가 늘어나는 것보다 수요가 늘어날 것 같아서 상승하는 경우가 더 많다. 따라서 유가의 움직임에 따라 경기 및 업종에 미치는 영향을 생각하되, 단기적인 움직임만 보고 바로 투자에 적용하는 것은 무리가 있다. 실전에 적용하기 전에 실제로 원유 수요 증가로 해양플랜트 발주가 증가했는지 등을 살펴보는 습관을 갖자.

'구리'에게 박사학위를 씌워준 이유

원자재 시장에서 구리는 '닥터 코퍼(Dr. Copper)'로 불린다. '구리 박사'란 뜻으로 구리를 경제전문가처럼 표현한 말이다. 왜냐하면 구리의 국제가격만큼 세계 실물경제를 판단하는 데 유용한 지표가 없기 때문이다. 실제로 구리는 전기·전자 부품부터 건설·선박·운송 등 산업 전반에 걸쳐 다양하게 쓰인다. 따라서 경기가 좋아지지 않으면 구리를 주문할 이유가 없기 때문에 구리 수요가 증가해 구리 가격이 오르면 경기 호황 징후로, 가격이 내려가면 경기침체 징후로 여겨져 대표적인 경기선행지표로 분류된다. 따라서 국제면에 실리는 구리 관련 기사를 눈여겨보면서 세계 경기의 흐름을 미리 살펴볼 수 있다.

이렇듯 구리는 여러 산업에 활용하는 필수재라는 점에서 경기에 민감하게 반응하기 때문에 위험자산으로 분류할 수 있다. 그래서 대표적인 안전자산인 금과는 대조적인 흐름을 보여주는 원자재다. 따라서 둘 중 어느 쪽 가격이 더 센지 보면 현재의 경기나 시장 내 위험자산 선호 정도를 파악할 수 있다. 예를 들어 금값에 비해 구리 가격이 더 강하다면 이는 향후 경기회복 기대가 더 커 시장 내 위험자산 선호가 더 강하다는 뜻으로 해석할 수 있다.

구리 가격은 코로나로 인해 경기침체를 겪었던 2020년 3월부터 급등하며 상승세를 이어오고 있다. 세계 2위 경제대국 중국이 회복세를 타면서 구리를 비롯한 산업용 금속 수입을 늘렸기 때문이다. 중국은 전 세계 구리 소비의 40%를 차지하고 있는 국가여서 구리의 값은 중국 경제 흐름과도 밀접한 연동성을 가진다.

하지만 최근 구리 가격 상승은 전반적인 경기 호황의 영향이라기

구리 가격 변동 추이

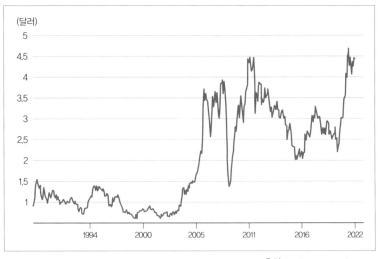

출처: tradingeconomics.com

보다는 전기차, 신재생에너지 등 친환경 산업이 커지면서 수요가 늘어나고 있는 영향이 크다. 실제로 전기차의 핵심 부품인 배터리용 음극재 원료가 구리인데, 전기차 한 대당 필요한 구리 양이 기존 내연기관차 대비 4~10배 요구된다. 또한 탄소중립 정책 아래 주목받는 태양광 및 풍력 발전에도 구리가 사용된다. 이에 투자은행 골드만삭스는 "구리 없는 탈(脫)탄소는 없다. 구리는 새로운 석유"라고 평가했다. 따라서 구리 가격을 살펴볼 때는 친환경 트렌드, 중국의 경기 흐름과 연결해서 해석해야 의미 있는 기사 읽기가 될 것이다.

안전자산의 원조 '금'

경기가 안 좋을 때 경제신문 국제면에 자주 등장하는 원자재는 금이다. 그 이유는 금이 가진 성격 때문이다. 일반적으로 경기가 좋을 때는 주식과 같은 위험자산에 대한 선호도가 높아지고, 경기가 좋지 않을 때는 금·채권 등과 같은 안전자산에 대한 선호도가 높아진다. 특히 화폐가 생기기 전까지 화폐의 역할을 했던 금은 기축통화인 달러와 함께 안전자산의 양대 산맥으로 분류된다. 따라서 경기가 안 좋아지면 주식이 하락하고, 금값이 오르는 편이기 때문에 금값의 움직임에 따라 현재 경기가 어떤 국면에 있는지 판단해 볼 수 있다.

다만 주식과 금값이 동반 상승하는 흐름을 보이는 경우도 있다. 이는 그만큼 시장에 불안함이 가득하다는 것으로 해석할 수 있다. 실제로 코로나로 인해 경제가 망가졌을 때 2020년 8월까지 금값과 주식이 동시에 올랐던 사례가 있다. 코로나로 인해 경제가 안 좋아

금 가격 변동 추이

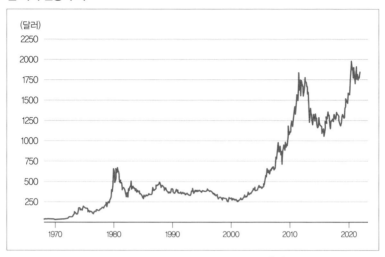

출처: tradingeconomics.com

지자 전 세계가 시장에 현금을 뿌렸기 때문이다. 시장에 돈은 넘치고 금리는 역대 최저이니 현금을 들고 있으면 바보가 되는 시기였다. 이에 사람들이 안전자산이든 위험자산이든 상관없이 투자해 주식과 금값이 동시에 올라가는 현상이 일어났다.

또한 금은 경기가 과열되어 생기는 인플레이션의 방어 수단으로도 쓰인다. 인플레이션, 즉 물가상승이란 물건을 살 때 예전보다 더 많은 돈을 줘야 하는 것으로, 거꾸로 말하면 화폐가치가 떨어진 것이다. 이렇게 돈의 가치가 떨어지면 달러를 대체할 수단으로 양이 한정돼 있는 금값이 오르는 편이다. 이렇듯 금은 안전자산으로서의 성격과 인플레이션을 방어하는 수단으로서의 성격을 동시에 지닌 원자재다.

'달러인덱스'를 보면 금값이 보인다

달러와 금은 같은 안전자산이지만, 서로 반대로 움직인다. 왜냐하면 금이 달러로 거래되기 때문이다. 실제 아래 차트를 보면 서로 반대로 움직이는 것을 알 수 있다. 이렇듯 금과 달러는 대체재의 성격을 지닌다. 예를 들어 달러의 가치가 떨어지면 달러로 거래되는 금의 수요가 많아진다. 그 반대의 경우도 마찬가지다.

하지만 이런 역의 관계가 원달러환율이 아니라 '달러인덱스'와 역의 관계라는 것을 유념해야 한다. 달러인덱스란 유로, 엔, 파운드, 캐나다 달러, 스웨덴 크로나, 스위스 프랑 등 경제 규모가 크거나 통화가치가 안정적인 6개국 통화를 기준으로 산정한 미 달러화 가치를 나타낸 지수다. 비중은 유로 57.6%, 엔 13.6%, 파운드 11.9%, 캐

금 가격과 달러인덱스 변동 추이

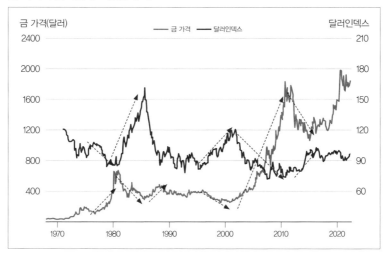

출처: tradingeconomics.com

나다 달러 9.1%, 스웨덴 크로나 4.2%, 스위스 프랑 3.6% 등 100%로 구성되어 있다. 1973년 3월을 기준점 100으로 하여 미국연방제도이사회에서 발표한다.

달러인덱스와 금값이 반대로 움직이는 이유를 좀 더 쉽게 이해해 보자. 만약 미국의 경제가 힘들어지면 미국 연준은 이를 극복하기 위해 달러를 공급한다. 그러면 시장에 유통되는 달러가 많아져서 달러 가치는 하락한다. 반면에 금은 달러처럼 찍어낼 수 없어서 달러에 비해 희소성이 있기에 가치가 높아지는 것이다. 그래서 달러인덱스가 상승하면 달러 가치가 오른다는 뜻으로, 이때 금값은 보통 내려간다. 반대로 달러인덱스가 하락하면 달러 가치가 떨어진다는 뜻으로, 이때 금값은 보통 올라간다. 반대의 경우도 마찬가지다. 따라서 달러인덱스의 움직임을 통해 금값을 전망해 볼 수 있고, 나아가 경기 흐름까지 예측해 볼 수 있는 것이다.

경제·금융면을
읽으면 돈의
흐름이 보인다
기준금리

경제지표의 대장, '기준금리'의 움직임에 주목하자

경제신문의 경제면과 금융면에서 가장 중요한 기사는 단연 '기준
금리' 기사다. 기준금리의 움직임은 주식, 부동산, 환율 등 다른 자
산시장에 영향을 미치기 때문이다. 다만 모든 나라의 기준금리 기
사를 챙겨볼 필요는 없고, 한국과 기축통화인 달러를 발행하는 미국
의 기준금리를 다루는 기사를 주목하면 된다.

그러면 기준금리 기사는 어떻게 읽어야 투자로 연결할 수 있을
까? 우선 기준금리가 경기를 어떻게 조절하는지에 대한 기초 배경
지식이 필요하다. 특히 기준금리 '인상, 인하, 동결'의 의미를 해석
할 줄 알아야 한다. 예를 들면, '기준금리를 인하하면 시장에 돈이 풀
려서 경기를 살린다. 기준금리를 인상하면 물가가 잡힌다.' 이런 말
들이 무슨 뜻인지 알고 있어야 관련기사 내용을 막힘없이 해석할 수
있고, 나아가 투자전략까지 세울 수 있다. 그리고 장기적으로는 기

준금리가 환율, 주식, 채권, 부동산 시장 등 다른 자산 시장에 미치는 영향까지 생각할 줄 알아야 투자로 연결하는 기초 재료 준비가 끝난다. 그러니 '2장 돈의 흐름이 보이는 '금리'' 내용을 반드시 참고해서 기초 상식을 반드시 머릿속에 넣은 후에 기준금리 기사를 읽자.

기준금리 기사에서 반드시 파악해야 할 내용 세 가지

기준금리를 다루는 기사는 크게 두 가지로 나눌 수 있다. 중앙은행에서 기준금리의 방향을 결정하는 '통화정책'을 다룬 기사, 이 결정으로 인해 '자산시장에 미친 영향'을 다룬 기사. 예를 들어, 한국은행이 기준금리를 올렸다고 발표한 기사가 통화정책 기사로 분류되고, 이로 인해 집값이 떨어졌다는 등의 다른 자산시장에 미친 영향을 다룬 기사로 분류할 수 있다. 따라서 통화정책 기사를 먼저 이해해야 자산시장에 미치는 영향을 다룬 기사도 해석할 수 있고, 나아가 경제 흐름까지 읽을 수 있다.

그런데 난생처음 통화정책 기사를 읽으면 도대체 어떤 내용이 중요한지 분별하기 힘들어진다. 기준금리 기사에서 반드시 파악해야 할 내용은 크게 세 가지가 있다. 바로 '대표직(연준 의장&한은 총재) 발언, 경기 진단 및 전망, 최종금리'다.

첫 번째로 대표직의 발언은 통화정책을 결정하는 기관의 장, 즉 대표직이 직접 발언한 내용을 말한다. 이 발언이 중요한 이유는 향후 통화정책 방향을 파악하는데 큰 힌트가 되기 때문이다. 참고로 미국의 중앙은행인 '연준'의 대표직은 '의장'으로, 한국의 중앙은행인 한국은행의 대표직은 '총재'로 표현한다.

두 번째로 중앙은행이 현재 경기를 어떻게 판단하고 있고, 미래의 경기는 어떻게 전망하고 있는지 파악하는 것이 중요하다. 중앙은행은 기분에 따라서 기준금리를 올릴지 말지 결정하는 게 아니라, 경기 진단을 통해 결정하기 때문에 이들의 진단 내용을 읽는 것 자체가 경제 흐름을 읽는 것과 같기 때문이다. 특히 지난 결정과 비교해서 어떤 차이가 있는지를 중심으로 살펴봐야 흐름을 파악할 수 있다.

다만 주의해야 할 점이 있다. 경기 전망에 대한 내용은 중앙은행에서 발표한 원문 자료를 바탕으로 작성하는 것을 추천한다. 왜냐하면 기사에 실린 내용은 함축적이어서 이해하기 어렵기도 하고, 기자의 주관적인 견해가 들어간 경우가 많기 때문이다. 그래서 초반에는 원문 자료를 통해 좀 더 깊이 있게 이해하면서 채워야 나중에는 기사에 있는 내용만 읽어도 유추가 가능하다.

중앙은행에서 발표한 통화정책 원문 자료 찾는 법
- 한국은행: 한국은행 홈페이지 > 통화정책 > 통화정책방향 결정회의
- 연준: FOMC 홈페이지 > Monetary Policy > Federal Open Market Committee > Meeting calendars, statements, and minutes

마지막으로 기준금리 인상 시기에는 최종금리에 대한 의견을 파악하는 것이 중요하다. 최종금리란 기준금리 인상 사이클의 종점으

로, 즉 기준금리 인상 시기에서 마지막으로 인상하는 금리를 말한다. 예를 들어, 앞서 '2장 금리 방향 미리보기 "연준" 내용에서 언급한 연준의 점도표에서 올해 기준금리 수준이 4%가 적당하다는 의견에 가장 많은 점이 표시되었다면 올해 최종금리는 4%에 해당한다.

이렇듯 최종금리를 통해서 종착점을 예상해 볼 수 있고, 이를 통해 투자자들은 향후 기준금리 수준을 전망하고 투자 방향을 결정하는 데 도움을 받게 된다. 예를 들어, 현재 기준금리가 3.5%인데 최종금리는 4%라면 아직 인상할 폭이 더 남아있으니 기준금리 인상에 적합한 투자전략을 유지하는 선택을 할 수 있다.

미국의 최종금리는 점도표를 통해서 알 수 있지만, 한국은행은 미국 연준처럼 점도표를 따로 발표하지 않는다. 그런데 2022년 11월에 한국은행 총재가 처음으로 최종금리에 대한 구체적인 전망을 밝혔다. 최종금리를 연 3.5%로 보는 위원은 3명, 연 3.75%는 2명, 금리 인상을 멈춰야 한다는 위원은 1명이라고 발표했다. 즉 점도표라는 형식으로 공개를 안 했을 뿐이지 최종금리에 대해서 말로는 설명해 준 것이다.

그전에는 기자들이 질문해도 두루뭉술하게만 대답했지 이렇게 의장인 본인을 제외한 나머지 위원들의 최종금리 전망을 구체적으로 밝힌 건 처음이다. 그래서 이를 두고 일종의 '한국형 점도표'를 제시했다는 평가도 있다. 그러면 실제 기사로 연습해 보자.

금리 동결에도 "상당기간 긴축기조"…위원 5명, 3.75% 열어뒀다
"이번 기준금리 동결을 금리 인상 기조가 끝났다는 의미로 받아들이지 않았으면 좋겠습니다."

이창용 한국은행 총재는 23일 현재 연 3.5%인 기준금리를 동결하기로 한 금융통화위원회 정례회의 직후 기자간담회에서 "마지막으로 한 말씀 더 드리겠다"며 이렇게 말했다. 평소 말이 빠른 편인 이 총재는 이 대목에서 시장에 정확한 메시지를 주겠다는 듯 속도를 늦춰 얘기했다.

이날 금리 동결은 시장에서 예견한 일이다. 시장에선 경기 둔화를 이유로 한은이 현 금리를 유지할 것으로 봤다. 하지만 이 총재는 금리 동결의 핵심 요인으로 '경기 둔화'가 아니라 '물가 경로 점검'을 꼽았다.

이 총재는 "경기 침체가 더 심화되니까, 부동산 시장이 불안하니까, 물가를 희생하더라도 이걸 했다(금리를 동결했다)고 해석하는 건 사실과 맞지 않고 한은의 의도와도 다르다"고 했다. 그러면서 "물가가 2월에는 1월보다 조금 낮은 5% 내외일 것으로 예상하는데, 3월부터는 4%대로 낮아지고 올해 말에는 3% 초반으로 내려가는 패스(경로)를 생각하고 있다"며 "물가가 그 패스대로 간다고 하면 금리를 올려서 긴축적으로 가기보다 지금 수준에서 (그동안의 금리 인상) 영향을 확인해 볼 필요가 있다"고 했다. 물가가 한은 예상대로 둔화하는지 확인하기 위해 일단 금리 인상을 멈췄을 뿐 금리 인상 기조를 완전히 접은 건 아니라는 것이다.

이 총재는 "물가 둔화가 예상되는 현 시점에선 올리는 것보다 지켜보는 게 바람직하다는 판단"이라고 했다.

금통위가 "상당기간 긴축 기조를 이어가겠다"고 한 것도 물가 불확실성이 해소되지 않았기 때문이다. 국제 유가는 안정세를 보이고 있지만 중국 리오프닝(경제활동 재개) 등에 따라 다시 상승세로 돌아설 수 있다. 또 미국 중앙은행(Fed)의 긴축 강도가 세지고, 기간이 길어지면 원·달러 환율이 올라

물가를 압박할 가능성도 있다. 여기에 정부의 공공요금 인상 영향으로 한국의 인플레이션 둔화 속도는 주요국에 비해 완만할 것이란 게 한은 예상이다.

이 총재는 이번 금리 동결 결정이 시장에서 금리 인하 기대로 확대되는 데 대해서도 명확히 선을 그었다. 그동안 '당분간=3개월' 등 구체적인 포워드 가이던스(선제적 지침)를 제시해온 이 총재는 "과거 상당기간은 6개월로 이해됐지만 이번엔 아니다"고 했다. 또 "데이터가 (물가상승률이 목표치인) 2%로 가겠다는 확신이 들면 그때 가서 (금리 인하 여부를) 논의할 것"이라며 "그 이전에 금리 인하 가능성을 논의하는 것은 시기상조"라고 못박았다.

금통위 내에서 기준금리 추가 인상이 필요할 수 있다는 의견이 많아진 것도 이런 맥락으로 분석된다. 지난달 금통위에선 최종 금리 수준을 두고 연 3.5%를 지지하는 쪽과 연 3.75%를 주장하는 쪽이 이 총재를 제외한 6명의 금통위원을 기준으로 할 때 3 대 3으로 팽팽하게 나뉘었다. 하지만 이번에는 주상영 금통위원으로 추정되는 한 명을 제외하고 5명의 금통위원이 연 3.75%로 인상할 가능성을 열어두자는 의견을 제시했다.

한은이 향후 추가 인상 가능성에 힘을 실었지만, 경기 침체에 대한 우려는 더욱 커질 것으로 예상된다. 이 총재는 일축했지만 일각에서는 한국 경제가 지난해 4분기 역성장(-0.4%)에 이어 올해 1분기에도 마이너스 성장할 가능성까지 제기하고 있다.

한·미 간 금리 역전 폭도 더 커질 수 있다. 이날 한은의 금리 동결로 미국(상단 기준 연 4.75%)과의 금리 역전 폭은 1.25%포인트로 유지됐다. 시장 예상대로 Fed가 최소 두 차례 0.25%포인트씩 금리를 인상하면 한·미 금리 차는 역대 최대인 1.75%포인트까지 벌어진다. 이 총재는 "한·미 정책금리 격차는 중요한 요인 중 하나지만 기계적으로 어느 수준으로 가면 위험하다고 말하기 어렵다"며 "외환보유액 등 그 자체에 대응할 수 있는 정책수단도 존재한다"고 말했다.

– 조미현, 〈한국경제〉, 2023. 2. 23.

주요 내용 정리

- 대표직 발언: 이창용 한국은행 총재는 "이번 기준금리 동결을 금리 인상 기조가 끝났다는 의미로 받아들이지 않았으면 좋겠습니다"라고 말했다.
- 경기 전망: 물가가 2월에는 1월보다 조금 낮은 5% 내외일 것으로 예상했고, 3월부터는 4%대로 낮아지고 올해 말에는 3% 초반으로 내려갈 것으로 전망했다.
- 최종금리 : 한 명을 제외하고 5명의 금통위원이 연 3.75%로 인상할 가능성을 열어두자는 의견을 제시했다.

자, 어떤가? 구구절절한 기사 내용에서 핵심 내용만 쏙쏙 보이지 않는가? 이렇게 세 가지 포인트만 잡아도 투자로 연결하는 경제신문 읽기의 기초재료 준비가 모두 끝난다. 다만 주의해야 할 점이 있다. 기준금리의 방향이 경기 판단의 중요한 요소이기는 하지만, 기준금리 하나만으로 경제의 향방을 기계적으로 해석하는 것은 무리가 있다는 것이다. 따라서 다른 경제지표도 종합적으로 보고 경제 흐름을 해석할 필요가 있다.

경제·금융면을
읽으면 돈의
흐름이 보인다

채권

고수는 채권 기사를 읽는다

경제신문의 경제면과 금융면에서 기준금리 다음으로 중요한 기사는 '채권'기사다. 왜냐하면 채권시장이 주식시장을 선행하기 때문이다. 왜 그럴까? 채권시장 규모가 주식시장 규모보다 크기 때문이다. 국제결제은행(BIS)에 따르면 2022년 12월 기준으로 글로벌 채권시장 규모는 약 138조 4,000억 달러이고, 세계 주식시장의 총 시가총액은 약 110조 2,000억 달러이다. 즉, 채권시장 규모가 주식시장 규모보다 28조 2,000억 달러 더 크다. 이렇듯 규모가 더 크니 채권시장이 주식시장보다 선행할 수밖에 없는 것이다.

우리나라 주식시장을 자본력이 큰 외국인 투자자들이 좌지우지하듯이 전체적인 금융시장에서도 자본의 크기를 무시할 수 없다. 그러면 채권시장 규모가 더 큰 이유는 뭘까? 주식은 기업에서만 발행하지만 채권은 기업뿐만 아니라 중앙은행, 정부, 연기금, 헤지 펀드 등과 같은 다양한 경제주체들이 발행할 수 있기 때문이다. 즉, 발행 주체의 숫자가 더 많기 때문에 시장규모도 더 큰 것이다.

또한 채권시장은 돈을 빌려주는 시장이고, 주식시장에 속한 기업은 사업에 필요한 자금을 '채권'의 방법으로 조달하는 관점에서 보면 이해하기가 쉽다. 채권시장에서 돈을 빌리는데 필요한 이자율이 오르면, 기업 입장에서는 비용 부담이 커지기 때문에 사업에 필요한 자금조달이 힘들어진다. 이는 곧 경제 성장에 전반적으로 부정적인 영향을 미치게 된다. 즉, 돈을 빌려주는 시장 상황에 따라 주식시장이 영향을 받을 수밖에 없는 것이다. 이렇듯 '채권'하면 나와 거리가 멀어 보이지만, 채권 기사를 읽어야 글로벌 금융시장의 흐름을 미리 파악할 수 있다.

특히 경제신문에서 다루는 채권 기사는 중에서 미국의 국채(미국채) 관련 기사가 가장 중요하다. 왜냐하면 미국채는 전 세계 채권시장의 약 40%를 차지하고 있기 때문이다. 또한 미국채는 세계 금융상품 중에 가장 안전하다고 여겨지며, 미국은 기축통화인 달러를 발행하고, 현재로선 절대로 망할 수 없는 패권국이기 때문이다. 그래서 경제신문에서는 우리나라 채권시장보다는 미국 채권시장과 관련된 기사들이 더 자주 언급되는 것이다.

이제 좀 채권 기사가 달라 보이는가? 앞으로 경제신문에서 채권 기사가 나오면 두 눈을 크게 뜨고 정독해 보자.

채권금리와 채권 가격은 반대로 움직인다

채권 기사를 쉽게 이해하기 위해서는 '채권금리와 채권 가격은 반대로 움직인다'는 아주 기초적인 상식이 필요하다. 차근차근 이해해 보자.

돈을 빌려주는 사람을 채권자, 돈을 빌리는 사람을 채무자라고 한다. 그리고 채권자가 채무자에게 돈을 빌려줄 때 쓰는 증서를 '차용증'이라고 한다. 바로 이 차용증과 채권은 비슷한 개념이다. 채권은 정부·지방자치단체·금융회사·기업 등이 필요한 자금을 빌리기 위해 발행하는 일종의 채무 증서, 즉 투자자들에게 주는 차용증이다. 더 쉽게 말하면 '앞으로 N년간 돈을 빌려주면 만기 때 원금과 함께 이자를 지급하겠다'는 내용을 명시한 증서다. 그래서 적금에 만기가 있듯이 채권에도 만기가 있는 것이다.

다만 채권은 아무나 발행할 수 없고 발행 주체가 정부·지방자치단체·금융회사·기업 등 법률로 정해져 있다. 예를 들어 국가에서 발행하면 '국채', 회사에서 발행하면 '회사채'라고 한다. 즉, 채권은 발행기관에 따라 종류가 나뉜다.

또한 채권은 차용증과 달리 증권 시장에서 자유롭게 사고팔 수 있다. 채권은 보통 수십억 원에서 수조원까지 발행된다. 이 거액의 채권을 증권 회사에서 소액으로 쪼개 팔기 때문에 1,000원부터 수십억 원, 수조원까지 거래할 수 있다. 그래서 굳이 만기까지 보유하지 않고 수시로 시장에서 사고팔 수 있다.

따라서 채권으로 수익을 낼 수 있는 방법은 '이자'와 '매매 차익' 두 가지다. 이자는 채권의 액면에 적힌 표면 이자로, 만기까지 변하지 않는 고정 이자다. 또 하나는 채권 매매에 따른 매매 차익이다. 이에 따라 채권을 사서 보유하다가 가격이 오르면 팔아서 매매 차익을 취할 수도 있고, 가격이 제자리이거나 내리면 만기까지 보유해 확정된 이자만 챙길 수도 있다. 그래서 채권은 표면 이자가 고정돼 있지만 매매 가격이 매일 바뀌므로 채권 수익률, 즉 채권 금리는 주가처럼 매일 변한다.

예를 들어, 10년 만기의 정부 채권이 1억 원에 발행되어 연 5%의 이자를 제공한다고 가정해 보자. 이럴 경우에는 매년 500만 원의 이자 수익을 받을 수 있다. 하지만 채권시장에서 이 채권의 매매 가격은 매일 변한다. 만약 다음 날 시장에서 이 채권의 인기가 높아져 가격이 1억 50만 원으로 상승한다면, 이 채권의 수익률은 더 이상 5%가 아닌 4.76%가 된다. 왜냐하면 이제 10년 동안 500만 원의 이자를 받을 수 있는 대신에, 1억 50만 원의 가격으로 채권을 구매하였으므로 10년 후에 이 채권을 1억 50만 원에 판매해야 하기 때문이다.

이렇듯 채권도 주식처럼 수요와 공급에 영향을 받는다. 그래서 채권 가격과 채권금리는 반비례 관계이다. 예를 들어 채권을 살 사람이 늘어나면 채권 가격이 오른다. 이때 채권 발행자는 굳이 채권금리를 높게 줄 필요가 없다. 채권금리가 낮아도 살 사람은 얼마든지 있으므로 채권금리가 내려간다.

반대로 채권을 살 사람이 줄어들면 채권 가격은 떨어진다. 이때 채권 발행자는 아쉬운 입장이 되어, 금리라도 높여야 그나마 팔리므로 채권금리는 오른다. 따라서 채권 가격이 상승하면 채권금리는 하락하고, 채권 가격이 하락하면 채권금리는 상승한다.

총정리

- 채권 수요 증가 → 채권 가격 상승 → 채권금리 하락
- 채권 수요 감소 → 채권 가격 하락 → 채권금리 상승

채권 기사로 기준금리 흐름 예상하기

수많은 채권 기사 중에서도 가장 중요한 건 미국채 기사다. 특히 왜냐하면 미국채 금리는 기준금리를 선행하기 때문이다. 실제로 아래 차트를 보면 미국의 기준금리(회색)가 오르기 전에 미국채 2년물 (만기 2년) 금리(검은색)와 미국채 10년물(만기 10년) 금리(자주색)가 먼저

미국채와 미국 기준금리 그래프

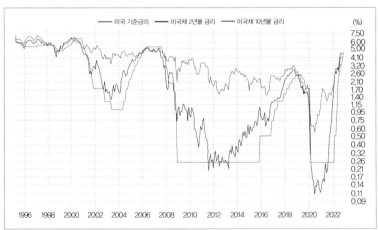

출처: 트레이딩뷰

올랐다. 반대로 기준금리 인하로 넘어가기 전에도 역시 미국채 2년물과 10년물 금리가 먼저 하락한 것을 알 수 있다.

왜 그럴까? 미국 국채는 세계에서 가장 안전한 투자 수단 중 하나이기 때문이다. 예를 들어, 경기가 둔화할 것으로 전망되면 안전자산으로 여겨지는 미국 국채에 대한 수요가 증가한다. 이로 인해 국채가격이 상승하고, 국채금리가 하락한다. 반대로 경기가 좋아질 것으로 전망되면 안전자산에 대한 수요가 감소한다. 따라서 미국 국채에 대한 수요가 상대적으로 감소한다. 이로 인해 국채가격이 하락하고, 국채금리가 상승한다. 즉, 투자자들의 심리가 국채금리에 반영되어 먼저 움직이는 것이다.

따라서 채권 기사를 읽을 때는 단순히 채권금리가 몇% 오르고 내렸다는 내용보다는 전체적인 추세를 확인해서 기준금리가 앞으로 어떻게 움직일지 예상해 보는 연습을 해야 경기 흐름을 읽을 수 있다. 아래 기사로 연습해 보자.

美 국채 랠리…10년물 금리, 4개월 만에 최저

채권 투자 수요가 늘면서 올해 들어 18일(현지시간)까지 세계 국채와 회사채 발행 규모는 사상 최대를 기록했다.

미국 국채 10년 만기 금리는 연 3.374%로 마감하며 전날인 17일(연 3.534%)보다 0.16%포인트 떨어졌다. 국채 금리 하락은 국채 가격 상승을 뜻한다. 이날 미국 국채 10년 만기 금리는 지난해 9월 이후 4개월 만의 최저치다. (중략)

미국 중앙은행(Fed)의 가파른 기준금리 인상으로 미국 국채 10년 만기

금리는 지난해 초 연 1.6%대에서 11월 연 4.2%대까지 오르며 채권 투자자에게 최악의 수익률을 안겼다. 하지만 미국 물가상승률이 둔화하면서 Fed가 기준금리 인상 속도를 조절하는 게 기정사실로 받아들여지자 미국 국채 금리는 하락세를 이어가고 있다.

– 이고운, 〈한국경제〉, 2023. 1. 19.

위 기사에서 중요한 내용은 0.16%포인트 떨어졌다는 게 아니라, 지난해 9월 이후 4개월 만에 최저치를 기록했다는 점이다. 즉, 하락세로 전환되었다는 것이다. 이를 통해 투자자들의 심리가 경기 둔화를 걱정한다고 해석할 수 있다. 이에 머지않아 미국 연준이 기준금리를 동결하거나 인하하는 방향으로 전환할 수 있다는 예상을 해볼 수 있다.

어떤가? 생각보다 간단하지 않은가? 어렵게 생각해서 어렵다고 느낄 뿐이지 제대로 알고 해석하면 경제 흐름을 예상하는 게 재밌어

미국채 10년물 금리

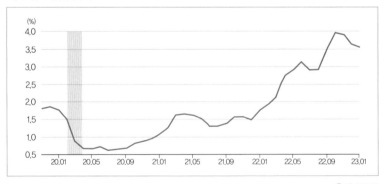

출처: FRED

진다. 또한 이렇게 전환점을 다루는 채권 기사를 읽을 때는 텍스트로만 읽고 끝내기보다는 'FRED' 사이트에서 직접 추세를 확인해야 입체적으로 이해할 수 있다. 미국채 10년물 금리는 fred.stlouisfed.org/series/GS10에서 확인할 수 있다.

증권면과 산업면의 차이점을 알고 읽자

산업면은 기업 관련 기사가 대부분이기 때문에 증권면과 큰 차이를 느끼지 못하는 사람들이 있다. 하지만 분명한 차이가 있다. 산업면에서는 기업의 사업 방향과 관련된 내용을 다룬다면, 증권면에서는 기업의 사업 방향으로 인해 재무적으로 어떤 결과가 있었는지, 주가는 어떠한지 등의 수치에 관한 내용을 다룬다. 따라서 증권면이 기업분석의 재무분석 및 기술적 분석에 해당한다면, 산업면은 기업분석의 사업분석에 해당한다.

예를 들어 A 기업이 신규 사업을 진행한다는 이슈가 산업면에 실리면 신규 사업 진출로 기대되는 효과, 기존 사업에 미치는 영향, 전반적인 사업의 방향성에 어떤 변화가 생기는지, 기업의 지배구조는 어떻게 되는지 등을 다룬다. 반면에 같은 이슈가 증권면에 실리면 신규 사업으로 인해 주가에는 어떤 영향을 미치는지, 실적은 어떻게

〈매일경제〉 산업면

2021년 11월 16일 기준

A17면

'반도체 쓰나미' 타이어 업체까지 덮쳤다

한국·금호·넥센, 3분기 영업익 급감 천연고무등 원자재 가격 올라 반도체 대란탓 신차
공급 감소 물류대란으로 운임료도 폭등 삼중고로 내년까지 영업악화 타이어 …

매일경제 | A17면 TOP | 2021.11.15. 오후 5:29

삼성전자 직원수 11만4천명…R&D 투자비용 16조원 돌파 매일경제 | A17면

2021.11.15. 오후 8:09

포스코, 전기차 모터용 강판 공장에 1조 투자 매일경제 | A17면 | 2021.11.15. 오후 5:28

전기차 국내판매 7만대 넘어…전세계 7위 매일경제 | A17면 | 2021.11.15. 오후 5:29

"배당 늘리고 선복량 확대"…HMM, 기업설명회서 밝혀 매일경제 | A17면 | 2021.11.15. 오후 5:28

출처: 〈매일경제〉

〈매일경제〉 증권면

2021년 11월 16일 기준

A23면

삼성전자 20조 투자 기대감에…탄력받는 반도체株

코스피 1% 올라 3천 눈앞 외국인·기관 쌍끌이 매수세 하이닉스 4% 올라 11만원대 中
지급준비율 인하 기대에 옐런 관세인하 언급도 주목 무역환경 개선땐 코스 …

매일경제 | A23면 TOP | 2021.11.15. 오후 5:48

"나는 주식 죽쒔는데"…중소형 증권사도 영업이익 역대 최고 매일경제 | A23면

2021.11.15. 오후 5:48

미래에셋운용 누적영업익 3124억 역대 최대 매일경제 | A23면 | 2021.11.15. 오후 2:43

대어급 기업공개에 잇단 증자…증시 상승세 발목잡나 매일경제 | A23면

2021.11.15. 오후 5:48

삼성전자 소액주주 500만명 돌파 매일경제 | A23면 | 2021.11.15. 오후 8:33

출처: 〈매일경제〉

변동되는지, 기존 주주에게 어떤 영향을 미치는지 등을 다룬다.

실제로 2021년 11월 16일자 〈매일경제〉의 산업면과 증권면을
보면, 같은 날 두 지면 모두 삼성전자와 관련된 기사가 나왔다. 하지
만 방향이 전혀 다르다는 것을 알 수 있다. 산업면에 실린 기사 내용

은 삼성전자의 R&D 투자 비용이 16조 원을 돌파하면서 국내 일자리에 긍정적인 효과를 줄 것이라고 작성된 반면에, 증권면에 실린 기사 내용은 삼성전자의 대규모 투자 기대감에 반도체 관련 주식이 상승세를 보였다며 수치를 중심적으로 작성되었다.

따라서 주가의 움직임을 중심으로 다루는 증권면만 눈여겨보기보다는 산업면에서 기업의 사업 방향 등 전반적인 흐름을 함께 살펴봐야 주가에 미치는 영향을 예측해 볼 수 있다. 왜냐하면 주가를 움직이는 것은 결국 실적에 대한 기대감이고, 실적은 사업의 방향에서 나오기 때문이다. 참고로 경제신문의 지면 이름은 신문사마다 조금씩 다르다. 예를 들어 〈한국경제〉에는 산업면이 따로 있지만, 〈매일경제〉에서는 기업&증권면이 산업면에 해당한다.

산업면에 실리는 기사 내용은 이미 정해져 있다

보통 산업면이라고 하면 업종 관련 기사가 많을 것으로 기대하지만 실제로는 기업 관련 기사가 더 많다. 특히 '~대기업이 ~을 했다'라는 내용이 담긴 기사가 많다. 그 이유는 바로 산업면을 채우는 기자들이 대기업 홍보실에서 공유해 주는 자료를 바탕으로 기사를 쓰기 때문이다. 대기업 홍보실의 역할은 기업을 홍보하는 일이다. 따라서 산업면에서는 악재성 기사를 찾아볼 수가 없다. '투자자분들, 저희 이거 했어요! 잘했죠?' 약간 이런 느낌?

실제로 기업의 홍보기사를 전문적으로 작성하는 '뉴스와이어'의 경우에는 유형별 보도자료 작성 방법이 있는데, 이 중 산업면에 주로 실리는 기사와 관련된 내용을 살펴보자. 인수합병 보도자료 작성법에는 '인수합병을 통해 기대되는 시너지효과를 설명한다', 제휴 보도자료 작성법에는 '제휴의 목적과 기대 효과를 설명한다', 실적 보도자료 작성법에는 '실적이 좋았던 이유가 무엇인지 간략하게 설명한다', 사업계획 보도자료 작성법에는 '신뢰감을 주도록 객관적으로 쓴다'라는 식으로 긍정적인 이야기를 쓰도록 가이드라인이 만들어져 있다.

그러므로 기업의 홍보성에 현혹되지 않으려면 기업의 '우리 이거 했어요!' 하는 기사를 보았을 때, 그 기사를 읽고 '그래서 실적에 좋은 영향을 미칠까?'를 중심으로 생각해야 객관적인 판단을 할 수 있다. 더불어 본인이 투자한 기업의 경쟁사는 무엇을 했는지 주목하는 것 역시 현명하게 산업면에 있는 기사를 읽는 방법이다.

또한 산업면은 내가 투자한 기업에 대해서 공부하기 가장 좋은

'뉴스와이어' 유형별 보도자료 작성 방법 '목차'

목차

I. 신상품 출시 보도자료	IX. 인수합병 보도자료
II. 공모 보도자료	X. 인물 보도자료
III. 사업계획 보도자료	XI. 제휴 보도자료
IV. 사회공헌 보도자료	XII. 조사연구 보도자료
V. 설립 보도자료	XIII. 출품 보도자료
VI. 수상 보도자료	XIV. 투자 보도자료
VII. 수주 보도자료	XV. 판촉활동 보도자료
VIII. 실적 보도자료	XVI. 행사 보도자료

출처: 뉴스와이어

'뉴스와이어' 인수합병 보도자료 작성 방법

| 홍보 마케팅 전략 보고서 | www.newswire.co.kr |

IX. 인수합병 보도자료

언론은 기업 간의 인수합병에 대해 높은 관심을 두고 보도한다. 인수합병은 시장에 큰 변화를 주기 때문이다. 인수합병 소식이 있다면 보도자료를 발표해 반드시 알리는 것이 좋다.

작성 요령

- ✓ 인수합병 내용을 자세히 설명한다
- ✓ 인수합병을 통해 기대되는 시너지 효과를 설명한다
- ✓ 피인수 회사와 인수한 회사를 모두 소개한다
- ✓ 양사 임원의 소감을 인용구로 넣는다

출처: 뉴스와이어

〈매일경제〉 산업면에 있는 기사 유형별 정리   2021년 11월 29일 기준

A17면

SK 인사 안정에 방점...최재원 경영복귀 주목 → 인물 보도자료
정기 임원인사 내달 1~2일 예정 SK(주)·하이닉스·이노베이션 주요 CEO 대부분 유임에 무게 최태원 회장, 해외사업 강조 북미 전담조직 신설·확대할듯 SK ...
매일경제   A17면 TOP   2021.11.29. 오후 5:47

[포토] 현대차,공공기관 첫 초급속 충전소 운영   매일경제   A17면   2021.11.29. 오후 5:47

SK, 내달 美서 한미일 지정학 포럼 연다 → 행사 보도자료

삼성重, '디지털 조선소' 전환한다 → 사업계획 보도자료

현대차 투싼, 국산 SUV중 누적판매 800만대 첫 돌파 → 실적 보도자료

출처: 〈매일경제〉

지면이다. 산업면을 챙겨 보면 따로 시간 내서 공부하지 않아도 내가 투자한 회사가 요즘 사업 방향성은 어떤지, 투자를 늘리지는 않았는지 등을 파악할 수 있기 때문이다.

산업면의 기사 해석을 도와주는 사이트 5개

산업면에는 여러 기업이 나오기 때문에 해당 기업이 속한 산업에 대한 배경지식이 부족한 사람들은 내용이 어렵게 다가올 수 있다. 따라서 잘 모르는 산업을 다루는 기사가 나올 때 아래 사이트에서 제공하는 산업리포트(Report)를 활용하는 것을 추천한다. 처음에는 어렵게 느껴질 수 있지만, 기사에서 언급한 산업과 관련된 리포트를 우선적으로 살펴보면 기사 내용을 읽고 사고를 확장하는 데 도움이 된다.

한경컨센서스 & 네이버 금융

http://consensus.hankyung.com

경로: 한경컨센서스 〉 산업Report

https://finance.naver.com/research/industry_list.naver

경로: 네이버 금융 〉 리서치 〉 산업분석 리포트

한경컨센서스는 종합투자리서치 정보사이트로 국내외 증권사 애널리스트들의 리포트를 볼 수 있는 곳이다. 다만 모든 애널리스트들의 리포트를 볼 수 있는 것은 아니고, 각 증권사에서 무료로 제공하는 리포트를 한곳에 모아둔 사이트이다. 산업리포트뿐만 아니라 기업, 시장, 경제리포트 등도 볼 수 있다. 비슷한 곳으로 네이버 금융도 있다. 이곳에서도 리서치 메뉴에 들어가면 각 증권사에서 무료로 제공하는 리포트를 볼 수 있다.

한국수출입은행

www.koreaexim.go.kr

경로: 해외경제연구소 〉 산업경제정보 〉 산업분석

한국수출입은행은 대한민국의 국책은행으로 기획재정부 산하 기타공공기관이다. 수출입 회사들에 저금리로 장기자금을 빌려주는 것이 주 업무다. 이 사이트에서 활용하기 좋은 자료는 '해외경제연구소' 메뉴에 있다. 해외경제연구소는 세계 경제 동향과 각국의 지역경제, 국내 수출산업을 통합적으로 연구하는 기관으로, 각 산업의 담당 연구원들이 분기별로 보고서를 발간한다.

KDI한국개발연구원

www.kdi.re.kr

경로: KDI연구 〉 연구 주제별 〉 산업

KDI한국개발연구원은 국가의 경제계획 및 경제·사회 정책 수립에 기여하기 위한 목적으로 1971년 3월에 정부에 의해 설립된 비영리 연구기관이다. 제조업, 서비스업 등 다양한 양질의 산업리포트를 볼 수 있다. 특히 오른쪽 상단에 '상세검색' 기능으로 원하는 산업리포트를 빠르게 찾을 수 있다.

ITFIND

www.itfind.or.kr

경로: 보고서 〉 분석보고서 〉 원하는 테마 선택

ITFIND는 ICT(Information and Communication Technology, 정보통신기

술)와 관련된 보고서 등을 제공하는 기업이다. 따라서 ICT 관련기사를 볼 때 활용하면 좋다. 이 밖에도 조선, 기계, 건설 등 제조 산업 관련 리포트도 제공하고 있다. 특히 여기는 자신이 원하는 산업을 선택해서 볼 수 있다는 점이 큰 장점이다.

삼정KPMG

www.home.kpmg

경로: Insights 〉 Samjong Insight, Issue Monitor

삼정KPMG는 회계, 세무, 법무 서비스를 제공하는 기업이지만 산업별 전문인력으로 컨설팅, 자문서비스도 제공하고 있다. 그래서 다양한 산업분석 리포트를 찾을 수 있다. 여기서 활용하기 좋은 메뉴는 'Samjong Insight'와 'Issue Monitor'이다. 이 메뉴를 누르면 여러 산업리포트가 나오는데, 원하는 산업리포트를 선택하면 '보고서 PDF'와 '인포그래픽 PDF'로 나누어져 있다. 인포그래픽 PDF는 요약본이라고 생각하면 되는데, 요약본을 먼저 보고 나서 읽을 만하다고 느껴질 때 보고서 PDF로 전체를 읽는 것을 추천한다.

증권면을 읽으면 사야 할 종목이 보인다

큰손의 움직임

시황 기사와 사랑에 빠지면 안 되는 이유

증권 기사는 크게 주식시장의 상황을 알려주는 시황 기사와 기업 관련 실적 발표 및 전망, 주가의 움직임, 공시 등을 다루는 종목 기사로 나눌 수 있다. 시황 기사는 주식시장의 전반적 시세 및 거래 동향과 관련된 내용을 다루는데, 시황 기사를 스크랩하거나 정독하는 것을 추천하지 않는다. 매일 오르락내리락하는 주식시장의 상황을 담은 기사를 매일 보면 투자심리도 매일 오르락내리락하기 때문이다.

증권업계에서 일할 당시, 업무 때문에 시황을 매일 챙겨 볼 수밖에 없었는데, 이때마다 나의 심리는 분 단위로 바뀌었다. 정신을 차리고 보니 장기투자자의 철학은 온데간데없고, 시황에 흔들려 샀다 팔았다를 반복하는 트레이더의 모습만 남아 있는 나를 발견했다. 이를 알아차린 순간 이미 계좌는 박살 나 있었지만, 지금이라도 이곳에서 나와야겠다 생각하고 퇴사 후 1인 기업의 길을 걷게 되었다.

퇴사 후 매일 6시간씩 보던 시황을 안 보게 되자 '기업'에 집중할 수 있었고, 덕분에 계좌는 서서히 회복하며 상승세로 돌아섰다. 이렇듯 증권면에 나오는 시황 기사를 매일 집중해서 챙겨 보면 투자심리가 매일 요동칠 것이다. 따라서 시황 기사보다는 종목 관련 기사에 집중하면서 투자 공부를 해나가는 방향이 지혜로운 투자자가 되는 길이다.

다만 증권면이나 국제면에 미국 증시 시황이 실린 경우에는 반드시 챙겨 보아야 한다. '미국 증시가 기침을 하면 국내 증시는 감기에 걸린다'라는 격언이 있을 만큼, 국내 증시는 미국 증시 영향을 많이 받기 때문이다. 증권면에 시황과 관련된 기사는 거의 매일 실리는 반면, 미국 시황은 엄청난 이벤트 때문에 급등하거나 급락하지 않는 이상 거의 실리지 않기 때문에 관련 증권 기사가 나올 때는 반드시 챙겨 보자. 특히 어떤 업종이 증시를 주도했는지를 중심으로 살펴보면 돈의 흐름이 보인다.

주식시장 큰손의 움직임을 읽어라

다음 기사는 〈매일경제〉에 실린 외국인과 기관투자자의 매매 동향과 관련된 내용이다.

코스피, 외인·기관 동반 '사자'에 반등… 2,960선 회복

코스피가 12일 외국인과 기관의 순매수에 1%대 오르며 2,960선을 회복했다. 코스닥도 1% 넘게 오르며 1,000선을 회복했다. 매매 주체별로 외국인과 기관이 각각 4,355억 원, 5,943억 원을 순매수했고 개인은 1조 456억 원 순매도했다.

– 김현정, 〈매일경제〉, 2021. 11. 12.

증권면을 보다 보면 외국인과 기관투자자에 대한 내용을 자주 접하게 된다. 주식시장은 왜 이들의 매매 동향을 중요하게 생각하는 걸까? 그 이유를 알기 전에 우선 외국인과 기관투자자에 대해서 간략하게 알고 지나가자.

주식시장에 참여하는 투자자는 크게 개인, 기관, 외국인 투자자로 분류할 수 있다. 개인투자자는 일반인을 말하는데, 보통 적은 금액을 투자하면서 숫자는 많기 때문에 '개미'라고도 불린다. 기관투자자는 은행, 보험회사, 자산운용사와 같은 금융기관이나 공제회, 국민연금과 같은 정부기관을 말하는데, 줄여서 '기관'이라고도 불린다. 외국인 투자자는 말 그대로 한국 국적이 아닌 외국 국적을 가진 외국인을 말하는데, 줄여서 '외인'이라고도 불린다. 외국인 투자자 중에서도 개인이 있고 법인이 있지만, 우리나라에서 외국인 투자자는 대개 외국 법인(증권사, 은행, 펀드 등)을 의미한다. 이들의 매매 동향이 중요한 이유는 아래 표를 보면 알 수 있다.

한국예탁결제원에서 발표한 2020년 기준으로 국내 주식시장 주식 소유 분포를 보면 개인투자자는 약 910만 명(99.1%), 기관(법인)투자자는 약 3만 명(0.4%), 외국인 투자자는 약 2만 명(0.3%)이다. 이렇게 보면 개인투자자가 가장 많으니 주식도 가장 많이 보유하고 있을 것 같지만, 평균 보유 주식수를 보면 완전히 다른 결과를 확인할 수

2020년 12월 결산 상장법인 소유자 형태별 분포 현황　　　　(단위: 명, %, 주, 종목, 주)

구분	소유자 수	비율	보유주식 수	비율	평균 보유 종목	평균 보유 주식
개인	9,107,228	99.1	49,672,265,343	50.2	5.23	5,454
법인	31,410	0.4	36,359,924,313	36.7	9.85	1,157,591
외국인	22,697	0.2	12,521,104,490	12.6	10.42	551,663
기타	28,741	0.3	503,414,447	0.5	–	17,515
합계	9,190,076	100.0	99,056,708,593	100.0	5.24	10,779

출처: 한국예탁결제원

있다. 개인투자자의 경우 1인당 평균 보유 주식은 약 5천 주인 반면, 기관투자자의 경우 1법인당 평균 보유 주식은 약 115만 주, 외국인 투자자의 경우 1인당 평균 보유 주식은 약 55만 주다. 외국인과 기관투자자들의 평균 보유 주식수를 평균하면 약 90만 주로, 개인투자자가 보유한 평균 주식수에 비해 약 165배 정도 더 많이 보유하고 있다.

이렇듯 국내 주식시장에 참여하는 개인투자자 인원수가 많아봤자, 개인투자자의 주식수보다 기관과 외국인 투자자가 더 많은 주식을 갖고 있기 때문에 기관과 외국인 투자자의 자금력이 주식시장에 큰 영향을 미칠 수밖에 없다. 따라서 숫자는 적지만 탄탄한 자금력으로 무장한 이들의 매매 동향을 살펴보지 않을 수 없는 것이다. 더불어 기관과 외국인 투자자는 정보 수집도 빠르고, 분석 역량도 개인보다 뛰어나기 때문에 증시에 미치는 영향력이 높을 수밖에 없다. 따라서 외국인과 기관투자자들이 매수하는 종목은 개인투자자들에게 늘 관심의 대상이다.

개미가 큰손 따라가다가 '수익률' 찢어진다

하지만 무작정 기관과 외국인 투자자의 매매를 따라 한다고 수익이 보장되는 것은 아니다. 왜냐하면 모든 경제 기사는 이미 일어난 일을 다루기 때문이다. 외국인 투자자가 저번주 내내 A 종목을 하루도 빠짐없이 매수했다는 증권 기사를 보고, 이번주에 해당 주식을 매수한다고 해서 외국인 투자자들이 이번주에도 매수한다는 보장이 없기 때문에 손실을 볼 수도 있다. 따라서 기관과 외국인 투자자의 매매 동향 타이밍만 따라가는 투자가 아닌, 그들의 매매 동향을 점검하면서 왜 매수했는지 또는 왜 매도했는지 등의 원인을 분석하는 시간을 갖는 게 중요하다. '은행주를 매수해야지'라는 생각이 아니라 '왜 은행주를 샀을까?'라는 원인 분석의 관점으로 접근해야 한다.

금리상승기…외국인, 은행株 쓸어 담았다

다음달 기준금리 인상이 유력시되는 가운데 외국인 투자자들이 국내 은행주에 대한 집중 매수에 나서 이목이 집중된다. 22일 한국거래소에 따르면 지난달 17일부터 이날까지 약 한 달간 외국인 순매수 상위 종목 10개 중 3개가 은행주인 것으로 나타났다. 외국인이 약 2256억 원 순매수한 KB금융이 3위, 약 1167억 원 순매수한 신한지주가 7위, 약 812억 원 순매수한 우리금융지주가 9위로 집계됐다.

– 이종화, 〈매일경제〉, 2021. 10. 22.

위 기사는 너무나 친절하게도 제목에서부터 매수 원인이 나와 있다. 바로 금리인상기가 시작되면 은행주가 수혜를 받기 때문이다.

원인을 찾고 나서는 나만의 투자 시나리오를 상상해봐야 한다. 다만 만약 금리와 은행주의 상관관계를 모른다면, 이 부분부터 공부한 다음에 접근해야 한다. 상관관계를 찾은 후 나만의 투자 시나리오를 상상해 볼 때는 과거 사례를 찾아보는 것이 큰 도움이 된다. 예를 들어 과거 금리인상기에 은행주가 어떤 움직임을 보였는지 직접 찾아보는 것이다. 기준금리의 흐름은 네이버에 '기준금리'라고 검색하면 쉽게 찾을 수 있고, 한국은행 홈페이지에서도 쉽게 확인할 수 있다.

다음으로 은행주의 흐름을 살펴보려면 해당 기사에서 언급한 은행주로 비교해도 좋지만, 객관적이지 못하다는 단점이 있다. 대신 해당 산업에 속한 주식을 모두 모아놓은 ETF를 활용하는 것을 추천한다. 가령 'KODEX 은행', 'TIGER 은행'과 같은 은행주만 모아놓은 ETF를 활용하면 은행 업종 주가의 전체 흐름을 볼 수 있다. 그다음 가장 최근에 있었던 2017년 11월~2019년 6월까지의 금리인상기와 은행 ETF 주가 차트와 비교하면서 과연 은행주가 금리인상기 내내 상승했는지 직접 확인해 보는 것이다.

은행주는 정말 금리인상기에 오를까

금리가 오르면 은행의 주 수입원인 예대마진 증가로 은행주가 수혜를 본다고 많이 알려져 있다. 그런데 정말 그럴까? 실제로 과거 사례를 찾아보면 재미있는 결과를 볼 수 있다. 금리인상기에 은행주만 모아놓은 KODEX 은행 ETF 주가 흐름이 어땠는지 살펴보자.

한국은행 기준금리가 2008년 이후 상승세를 보였던 적은 딱

한국 기준금리

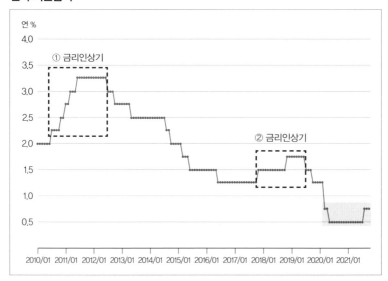

2번이다. 첫 번째(①)는 2010년 7월 금리 상승을 시작으로 2011년 6월에 그해 마지막 상승 후 2012년 6월까지 유지했다. 두 번째(②)는 2017년 11월 금리 상승을 시작으로 2018년 11월에 그해 마지막 상승 후 2019년 6월까지 유지했다.

자, 다음 페이지의 차트를 보면서 두 번의 기준금리 인상기에 은행주는 어떤 흐름을 보였는지 살펴보자. 먼저 첫 번째 기준금리 인상기(①) 때 KODEX 은행 주가는 약 14% 하락했고, 두 번째 기준금리 인상기(②) 때 약 12% 하락했다. 반면에 금리인상을 시작하기 1~2년 전에는 큰 폭의 상승세를 보였다.

이렇듯 중앙은행이 기준금리를 인상한다고 해서 은행주가 상승세를 보이지는 않는다는 것을 알 수 있다. 그렇다면 왜 이런 현상이

KODEX 은행 ETF 주가 차트

일어났을까? 당시 관련기사를 찾아보면 은행과 관련된 엄청난 악재를 찾을 수는 없었다. 이런 경우에는 '기대감 선반영'으로 해석할 수 있다. 주식시장에는 '주식은 꿈을 먹고 자란다'라는 격언이 있다. 쉽게 말해서 어떤 기업이 지금 돈을 잘 벌지 못하더라도 결국 나중에 엄청난 흑자를 기록할 것이라는 기대감을 안고 매수하는 투자자들이 많아지면 실적과 상관없이 주가는 상승한다. 대표적인 예로 테슬라가 여기에 해당한다. 이렇듯 금리가 오르면 은행의 예대마진이 증가할 것으로 예상하는 투자자들이 많아지면서 금리인상이 시작되기도 전에 주가에 기대감이 선반영된 것이다.

심지어 코로나 사태가 시작된 이후 역대 최저치로 내려간 '기준금리' 하락기 동안 'KODEX 은행 주가'는 오히려 급등세를 보였다 (2020년 5월~2021년 7월, 보라색 박스 부분). 다만 이 당시에는 기준금리를 떠나서 경기회복에 대한 기대감, 거대한 유동성 등으로 거의 모든 주식이 상승한 시기였기 때문에 함께 상승한 것이지 다른 엄청난 이유가 있는 것은 아니다.

여기까지 분석했다면 은행주는 기준금리가 인상하는 시기에 투자하는 게 아니라, 오히려 금리인상이 시작되기 전에 투자를 해야 된다는 결론을 내려볼 수 있다. 투자 시나리오라는 말이 거창해 보이지만 막상 분석해 보면 그리 어려운 게 아니다. 분석을 안 하니까 더 어려워 보이는 것일 뿐.

뒷북 투자는 이제 그만

이렇듯 외국인이 매수했다고 해서 무작정 따라 살 게 아니라 매수한 배경을 이해하고, 실제로 수혜주가 맞는지, 과거에는 어떤 흐름을 보였는지 등을 분석해 보는 시간을 가질수록 뒷북 투자를 하지 않고, 나만의 투자 시나리오를 만드는 역량을 키울 수 있다. 실제로 이 기사가 나온 후 얼마 못 가 KB금융 주가는 한 달 내내 하락세를 보였다. 원인을 분석하지도 않고 이 기사만 보고 따라서 매수했다면 하락세를 보일 때 얼마 못 버티고 손절을 하게 될 것이다.

하지만 내가 직접 분석하고 투자 시나리오까지 생각했다면 나만의 기준을 갖고 투자할 수 있게 된다. 즉 매매 동향에서 투자 아이디어를 얻겠다는 생각으로 접근해야지, '그들이 하는 대로 따라 해야지'라는 생각으로 접근하면 뒷북 치는 투자를 하게 될 것이다. 분석 후에 투자할 만하다고 여겨지면 그때 매수해도 늦지 않다.

증권면을 읽으면 사야 할 종목이 보인다
돈 되는 기사

돈 되는 기사는 악재 기사에 있다

주식시장에는 '공포에 사서 환희에 팔아라'라는 격언이 있다. 쌀 때 사서 주가가 오를 때 팔아야 한다는 의미다. 이를 경제 기사에 적용하면 '악재에 사서 호재에 팔아라'로 해석할 수 있다. 그러나 대부분의 투자자들은 반대로 호재에 사서 악재에 판다. 왜 그럴까?

바로 악재 기사와 호재 기사를 구분할 줄 모르기 때문이다. 그렇다면 이런 역량은 어떻게 기를 수 있을까? 바로 호재 기사와 악재 기사를 구분하는 질문을 연습해야 한다. 그 기준은 기사에 실린 이슈가 관련 기업 실적에 실제로 영향을 미치는지, 일시적인지 또는 장기화될지, 해당 이슈를 눌러버릴 만큼의 다른 호재를 갖고 있는지 등의 관점으로 직접 관련 정보를 찾아보면서 분석하는 연습을 해야한다. 일시적인 문제라면 저가 매수의 기회가 될 수 있고, 실적에 부정적인 영향을 미치고 장기화되는 이슈라면 진지하게 매도를 고민해 볼 수 있다. 이를 실제 기사에 적용해 보자.

중국 아이돌·국내 플랫폼 규제에 엔터주 날개 꺾이나

중국이 아이돌 규제에 나서면서 국내 엔터테인먼트 주가 맥을 못 추고 있다. 10일 하이브의 주가는 오후 2시 45분 기준 전 거래일보다 3.60% 하락 중이다. YG엔터테인먼트(0.71%)와 JYP엔터테인먼트(0.25%)도 떨어지고 있다. SM(0.48%)만이 소폭 상승 중이다. 엔터주 약세의 배경은 최근 중국 정부가 시행한 강도 높은 엔터 산업 규제다. 중국 공산당 국가인터넷정보판공실(CAC)은 지난달 27일 연예인 인기차트 발표 금지, 연예인 모금에 나서는 팬클럽 해산 등 내용을 담은 '무질서한 팬덤에 대한 관리 강화' 10대 방안을 발표했다. 일주일 만인 지난 2일에는 '문예 프로그램 및 인원 관리 강화에 대한 통지'를 발표했다.

– 강필수, 〈이코노미스트〉, 2021. 9. 10.

이런 악재 기사를 볼 때 가장 먼저 던져야 할 질문은 '이게 정말 악재일까?'라고 의심해 보는 것이다. 그리고 나서 실제로 해당 악재가 관련 주식에 얼마나 영향을 미치는지 찾아본다. 이를 찾기 위해서는 실제로 매출에 얼마나 영향을 미치는지 분석해야 한다. 매출이 곧 실적이고, 실적이 곧 주가를 올리는 재료이기 때문이다. 하지만 벌써부터 '분석'이라는 단어에서 지레 겁먹고 피하려는 사람들이 많다. 하지만 애널리스트처럼 분석하라는 뜻이 아니다. 키워드만 잘 잡아도 인터넷 검색을 통해 쉽게 찾을 수 있다.

예를 들어 위 기사의 경우에는 중국에서 발생하는 매출 비중이 어느 정도인지, 국내 가수 음반 수출 금액이 어느 나라가 가장 높은 지 등의 관점으로 '엔터 중국 매출 영향'이라는 키워드로 검색해 보 면 아래 기사처럼 쉽게 관련 자료를 찾을 수 있다.

> **'동반 강세' 엔터株 이젠 살아나나···하나금투 "中 규제 큰 우려 아냐"**
> 그러나 중국의 규제가 국내 엔터테인먼트 기업들에 큰 영향을 미치지 않을 것이라는 증권가의 분석이 나왔다. 단기적으로는 중국의 규제 이슈가 커 보 이지만, 중장기적으로는 큰 우려 사항은 아니라는 분석이다. 이기훈 하나 금융투자 애널리스트는 "말 그대로 강화이므로 신설된 규제는 아니다"라며 "하이브가 지난해 상장할 때도 중국 관련 이슈로 매출이 20% 가까이 급감 할 것이라는 우려가 있었으나 아무 일도 없었다"고 말했다. 그는 "현재는 아 티스트의 매니지먼트 매출이 거의 없기에 음반 판매량이 이익의 큰 비중을 차지한다"며 "산업 전체에서 약 10% 내외의 음반 판매 비중을 차지하는 중 국의 규제가 단기적으로는 악재일 수 있다"고 설명했다. 이어 "그러나 위드 코로나 시대에는 매니지먼트 매출 재개로 매출 내 중국 비중이 5% 이하로 낮아질 것이기에 중장기적으로 큰 우려 사항은 아니다"라고 덧붙였다.
> – 문지민, 〈매경이코노미〉, 2021. 9. 14.

여기서 팁은 네이버 블로그나 지식인이 아니라 기업의 사업보고 서, 뉴스 기사 및 증권사 애널리스트 보고서, 전문가 칼럼 등의 자료 를 중심으로 찾는 것이다. 일반 개인이 블로그에 작성한 주관적인 내용은 신뢰성과 전문성이 떨어지기 때문이다. 특히 증권사 애널리 스트 보고서를 무료로 볼 수 있는 한경컨센서스 사이트를 참고하면 좀 더 깊이 있는 자료를 찾을 수 있다. 당시 관련 자료를 보면 애널리스트들의 분석은 대부분 악재가 아니라고 판단하고 있었다. 2016년 고고도 미사일 방어체계(THAAD, 사드) 배치 당시 한국 연예인의 중국 활동이 금지되면서 이미 중국 매출이 상당히 낮은 수준이기 때문이다.

또한 팩트 체크를 위해서는 숫자로 증명할 수 있는 자료를 중심으로 분석하는 것도 중요하다. 당시 중국의 엔터산업 규제 내용 중 '음반 중복구매 금지' 관련 내용이 있었다. 그러면 중국에 수출하는 음반 금액이 어느 정도인지 파악하는 것도 객관적으로 판단하는 데 도움이 된다. 관세청 및 금융투자업계에 따르면 2021년 7월까지 전체 음반 판매량은 약 3,400만 장인데, 이 중 중국 수출 금액은 전체의 7%(약 250만 장) 수준에 불과했다. 물론 매출에 아예 영향을 미치지 않을 수는 없을 것이다. 하지만 7%를 의미 있는 숫자로 보기에는 무리가 있다.

그리고 나서 이러한 악재에도 불구하고 앞으로 더 좋아질 '모멘텀'이 있는가를 질문해 보자. 모멘텀이란 사전적 정의로 '물질의 운동량이나 가속도'를 뜻하는데, 주식시장에서는 '주가를 움직일 만한 긍정적인 재료'를 의미한다. 예를 들어 '주가가 오르고 있을 때 더 오를 수 있는 모멘텀이 있는가?' '실적이 좋아질 모멘텀이 있는가?'라는 식으로 활용된다. 엔터주의 경우에는 가수의 컴백이라든가, 오프라인 공연 재개 등으로 생기는 기대감이 모멘텀이 될 수 있다.

예를 들어 엔터 업종에서 모멘텀은 유명가수들의 컴백이 될 수 있다. 악재가 2021년 8월 말에 나왔으니 그 이후에 있을 컴백 일정을 살펴보는 것이다. 2021년 10월과 11월에는 에스파, 아이유, 트와이스, 엑소 카이 등의 컴백 일정과 미국에서 BTS의 오프라인 콘서트가 재개되는 일정이 있었다.

해시태그를 기사에 활용하기

이 정도만 살펴봐도 기사에서 언급한 중국의 규제가 악재가 아니라 오히려 저가 매수 기회라고 판단할 수 있다. 실제로 엔터 업종에 속하는 JYP엔터테인먼트 주가는 규제 기사가 나온 이후 2021년 11월 중순까지 상승세를 보였다. 이렇듯 악재를 다각적으로 분석하면 오히려 좋은 주식을 싸게 매수할 수 있는 기회가 될 것이다.

다만 혹자는 "이건 저자님이니까 이렇게 분석할 수 있는 거 아닌가요?"라고 질문할 수 있다. 나는 이 질문에 당당하게 "아니오!"라고 말할 수 있다. 왜냐하면 이 작업은 식당 및 카페에 가면 흔히 볼 수 있는 인스타그램 해시태그 이벤트와 크게 다르지 않기 때문이다. 기사에서 해시태그를 찾는다는 생각으로 접근하면 누구나 쉽게 찾을 수 있다.

물론 처음에는 익숙하지 않아 어려울 수 있지만, 기사의 핵심 내용을 구조화하는 작업을 하면서 그 속에 담긴 키워드를 찾는 연습을 일주일만 하면 금방 관련 자료를 쉽게 손에 넣을 수 있다. 이는 약 2년 동안 경제신문 스크랩 코칭을 하면서 실제로 나타난 결과다. 솔직히 귀찮아서 안 찾아보고 넘어가기 때문에 계속해서 어렵게 느껴지는 것뿐이지, 찾아보려는 의지가 있는 사람들은 결국 악재 기사에서 투자 아이디어를 찾아낸다.

다만 이렇게 분석해도 경험이 많이 없고, 주식 공부를 시작한 지 오래되지 않았다면 선뜻 매수 버튼을 누르기가 정말 힘들다. 이런 경우에는 1주만 매수해서 주가의 움직임을 살펴보는 것도 도움이 된다. 1주로 인생이 망하진 않으니까 말이다. 반면에 정말 악재로 작용해 주가가 더 떨어질 수 있다. 그럼에도 불구하고 계속해서 악재 기사가 나올 때마다 연습을 통해 나만의 데이터를 쌓아나가야 마음이 갈대처럼 흔들리지 않을 수 있다.

부동산면을 읽으면 내 집 마련의 기회가 보인다

시황과 정책

읽어야 할 부동산 시황 기사는 따로 있다

부동산 기사는 크게 부동산시장 동향을 알려주는 시황 기사와 정부의 부동산 정책 기사로 나뉜다. 시황 기사는 부동산시장의 전반적인 시세 및 거래 동향과 관련된 내용을 다루고, 정책 기사는 정부의 부동산 개발계획, 세금, 규제 및 활성화 정책 등을 다룬다. 하나씩 어떻게 읽어야 하는지 살펴보자.

부동산 시황 기사의 종류는 가격, 거래량, 수급으로 나눌 수 있다. 먼저 부동산 가격을 다루는 기사 중에서는 전세가격지수와 매매가격지수가 가장 자주 언급된다. 두 지수 모두 이름 그대로 전세가가 얼마인지, 매매가가 얼마인지 조사해서 평균을 낸 값을 말한다. 가격지수는 대표적으로 한국부동산원과 KB부동산, 부동산 114 이렇게 3곳에서 발표하는데, 한국부동산원 자료를 중심으로 설명하고자 한다. 왜냐하면 메이저 경제신문사인 매경과 한경에서는 한국

부동산원에서 발표하는 전세 및 매매가격지수로 기사를 작성하기 때문이다.

한국부동산원은 가격지수를 매주 발표하는데, 100을 기준으로 이보다 떨어지면 가격이 하락한 것으로, 오르면 가격이 상승한 것으로 해석한다. 그런데 기사에서는 보통 지난주 대비 몇 퍼센트가 떨어졌다, 올랐다는 식으로 작성되기 때문에 이 표현에 대한 감각을 가지려면 집값에 해당 비율만큼 곱해보면 쉽게 이해할 수 있다.

예를 들어 지난주에 7억 원짜리였던 아파트가 이번 주 조사 결과 0.1% 오른 것으로 나타났다면, 그 아파트는 평균적으로 일주일 만에 70만 원이 상승한 셈이다. 이렇듯 주식시장에서는 0.1% 등락률이 큰 의미가 없지만, 아파트는 억 단위가 기본이기 때문에 부동산 시장에서는 0.1% 등락률에도 의미 부여를 크게 하는 편이다.

가격지수 기사를 보고 '올랐구나' 또는 '내렸구나' 하고 끝내면 투자로 연결하는 경제신문 읽기가 될 수 없다. 결국 부동산 사이클을 활용해서 현재 부동산시장이 어느 시기에 해당하는지 해석한 후 투자전략을 세워야 읽기에서 그치지 않는다. 경기 사이클처럼 부동산 시장에도 크게 4개 구간으로 나눌 수 있는 사이클이 존재한다. 따라서 전세가와 매매가 추이를 보면서 현재 어떤 사이클에 해당하는지 파악한 후, 언제 매매하면 좋을지 본인만의 투자전략을 세우는 연습을 해야 투자로 연결할 수 있다.

예를 들어, 2022년 11월 기준으로 전세가격지수는 후퇴기에 해당하므로 급하게 매수하기보다는 하향기 추세가 나올 때까지 기다리는 전략을 세울 수 있다. 물론 정확한 매매 타이밍은 잡긴 힘들겠

전국 종합주택 전세가격지수

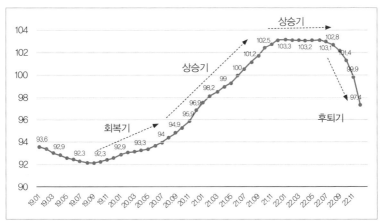

출처: 한국부동산원

지만, 꾸준하게 가격지수 기사를 읽으면 부동산시장의 큰 흐름을 파악할 수 있다.

두 번째로 아파트 매매거래량 기사도 중요하다. 주식에서든 부동산에서든 거래량은 선행지표 역할을 하기 때문이다. 예를 들어 어떤 기업의 실적이 좋아질 것이라는 기대가 커지면, 투자자들의 관심이 높아지면서 주가 상승을 기대하는 사람이 많아지고, 매수하려는 사람이 많아지면서 거래량이 증가하게 된다. 부동산도 비슷한 논리로 해석할 수 있다. 집을 사려는 사람이 많아지면 거래량이 증가하면서 가격 상승에 영향을 미치고, 반대로 집을 사려는 사람이 적어지면 거래량 역시 감소하면서 가격 하락에 영향을 미치게 된다. 실제로 2022년에 서울 기준으로 매매가격지수가 고점을 찍기 전에 거래량부터 하락했다. 이렇듯 아파트 매매거래량을 다루는 기사를 통해서 가격의 방향을 예상해 볼 수 있다.

서울 지역 매매가와 거래량 비교

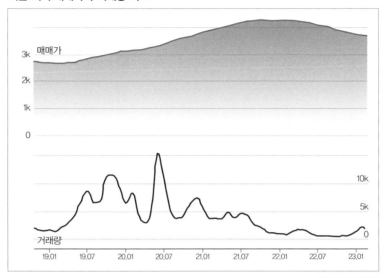

출처: 부동산지인

거래량지표를 해석하는 방법은 따로 기준선이 있는 게 아니라, 과거 거래량과 비교하면서 현재 얼마나 줄었는지, 늘었는지를 파악하면 된다. 따라서 매매거래량 기사를 읽을 때 포인트는 실제 지표를 확인한 다음, 거래량 추세를 파악한 후, 전환 조짐이 있는지 체크해 보는 것이다. 특히 하락장에서는 매매가가 오르면서 거래량도 함께 증가하는지를 고려해야 반등의 기회를 포착할 수 있다.

마지막으로 아파트 전세 및 매매 수요와 공급을 보여주는 전세수급지수와 매매수급지수를 다루는 기사도 중요하다. 부동산 투자자들의 심리를 보여주기 때문이다. 그래서 보통 경제신문에서 수급지수를 다루는 기사의 경우 제목에 '심리'라는 키워드를 자주 사용하는 편이다. 이 지표들은 전세 및 매매 수요에 비해 공급 물량이 어느

204

전국 아파트 전세수급지수

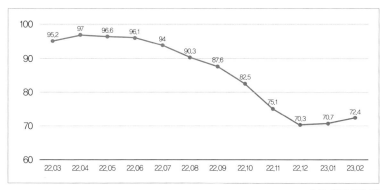

출처: 한국부동산원

정도인지를 나타낸다. 100을 기준으로 낮을수록 부동산시장에서 집을 구하는 사람보다 내놓는 사람이 더 많다는 것을 의미한다.

한편 기사 내용에서 매매수급지수보다 전세수급지수 관련 내용을 더 눈여겨볼 필요가 있다. 왜냐하면 전세수급지수는 매매가격에 영향을 미치기 때문이다. 전세수급지수가 100보다 높이 올라가면 전세 공급보다 전세 수요가 더 많다는 뜻인데, 그러면 전세가가 올라가면서 매매가와 큰 차이가 없어지고, 그럴 바엔 차라리 사고 말지 하는 심리가 강해져 주택 매수 수요가 증가한다. 이에 따라 매매가격 상승으로 이어질 수 있다.

반대로 100 이하로 떨어지면 전세 수요보다 전세 공급이 많다는 뜻인데, 그러면 평소보다 전세를 더 저렴하게 구할 수 있어서 굳이 주택을 매매하려고 하지 않으니 매매 수요 감소로 이어지고, 이에 따라 매매가격이 하락할 수 있다. 이렇듯 전세수급이 매매수급과 가격에 영향을 미치기 때문에 좀 더 주목할 필요가 있다. 다만 절댓

값보다는 추세를 보는 것이 더 중요하다.

부동산 가격에 영향을 미치는 변수가 워낙 많고, 데이터만으로 시장을 판단하기에는 한계가 있다. 게다가 데이터만 보고 부동산에 투자하는 것은 주식시장에서 기업 분석을 하지 않고 차트만 보고 투자하는 것과 같다. 따라서 데이터를 통해 흐름을 파악한 후, 다음에 살펴볼 부동산 정책도 함께 고려할 필요가 있다. 특히 모든 지역이 같은 흐름을 보이지 않기 때문에 지역을 둘러싼 이슈도 함께 살펴보는 습관을 갖고 경제 기사를 해석하는 자세가 중요하다.

정책을 알아야 부동산시장이 보인다

부동산 정책 기사는 크게 세금이나 대출 등을 활용해 수요를 억제하는 규제정책과 아파트 공급 확대 등의 활성화 정책으로 나뉜다. 정부가 부동산 정책을 펼치는 이유는 집값이 폭등하거나 폭락하지 않도록 인위적으로 조정하기 위해서이다. 이렇듯 집은 누구에게나 필요한 거주의 공간이다 보니, 정부는 서민들의 주거 안정을 위해 집값을 늘 안정적인 수준으로 유지하고 싶어 한다.

그래서 집값이 너무 오르면 규제 정책을 통해 시장을 통제하고, 너무 떨어지면 규제 완화, 즉 활성화 정책을 통해 집값을 안정시키려고 하는 것이다. 이렇듯 주식시장과 달리 부동산시장은 정부가 시장 참여자로 직접 개입하기 때문에 집값에 영향을 크게 미칠 수밖에 없어서 '부동산 정책' 기사는 반드시 챙겨 볼 필요가 있다.

부동산 정책 기사 종류는 크게 세 가지가 있고, 정책의 방향은 규제 아니면 활성화로 나눌 수 있다. 예를 들어, 집값이 너무 오르면 부동산 관련 세금을 올려서 집을 사려는 사람들이 부담을 느끼도록 만들거나, 주택담보대출 조건을 까다롭게 바꾸거나, 대출 한도를 줄이는 등의 규제 정책을 통해서 매수 수요를 잠재우려 한다.

반대로 집값이 너무 떨어지면 이전에 만들었던 규제 정책을 풀어준다. 예를 들어, 세금을 낮춰주거나 대출 한도를 늘려주는 활성화 정책을 펼쳐서 매수 수요가 다시 올라올 수 있는 분위기를 조성하려고 한다. 경기가 너무 과열되면 중앙은행이 기준금리를 올리고, 경기가 침체되면 기준금리는 낮추는 것과 비슷하다. 또한 정부가 안 팔리는 집을 직접 매수해 전세나 월세를 놓고, 아파트를 지어 분양하는 공급 정책을 펼치기도 한다.

부동산 정책은 보통 내용이 방대하고 복잡한 경우가 많기 때문에 기자가 요약한 기사 내용보다는 해당 정책을 발표한 기관의 홈페이지에 들어가서 원문 자료에 있는 내용을 확인할 필요가 있다. 내용을 확인한 후에는 '그렇구나' 하고 끝내는 게 아니라 정부의 의도를 파악하고, '파급효과'에 대해 나름의 예측을 해보는 연습이 중요하다. 즉, 발표된 정책이 규제 정책인지 활성화 정책인지 파악한 후, 부동산시장에 어떤 영향을 미칠지 생각해 보는 것이다.

그런데 '예측'이라는 단어에 벌써부터 위축되는가? 전혀 그럴 필요가 없다. 방법은 생각보다 간단하기 때문이다. 과거에 비슷하게 발표했던 부동산 정책을 찾아보고, 당시 부동산시장에 미쳤던 영향을 다룬 자료를 확인해서 지금 상황과 비교해 보면 미래를 예측하는데 도움이 된다. 다음 기사로 연습해 보자.

LTV 50%로 완화 반갑지만 낙폭 큰 노도강에도 적용을

개정안에 따르면 투기지역·투기과열지구 내 시가 15억원 초과 아파트의 주택 구입 목적 주담대 금지가 해제된다. 앞으론 무주택자와 1주택자(기존 주택 처분 조건부) 대상으로 주담대가 허용되며 LTV는 50%가 적용된다. 규제지역과 보유 주택별로 차등 적용하고 있는 LTV도 조정된다. 새 규정에 따르면 앞으로 규제지역 내 무주택자·1주택자(기존 주택 처분 조건부)에 대해 LTV를 50%로 단일화한다. 단 다주택자는 현행 규정을 유지한다.

서민·실수요자에 대한 우대 혜택도 확대할 방침이다. 규제지역 내 서민·실수요자의 경우 LTV 우대 대출 한도가 현재 4억원에서 6억원까지 늘어난다. LTV 우대폭도 10~20%포인트에서 20%포인트로 단일화한다.

– 채종원·정석환, 〈매일경제〉, 2022. 11. 10.

LTV(Loan To Value ratio)란 집을 담보로 대출을 받아서 매수할 때 받을 수 있는 대출 가능 한도를 말한다. 만약에 정부가 LTV를 50%로 설정했다면, 10억 원짜리 아파트를 매수할 때 받을 수 있는 대출금액은 최대 5억 원인 것이다. 그래서 이 비율이 올라가는 만큼 집을 매수할 때 현금이 덜 필요하니 LTV 규제 완화 정책에 해당한다. 이를 바탕으로 기사 내용을 다시 읽어보면, 기존에는 규제지역과 주택 가격에 따라서 LTV를 다르게 적용했는데, 이를 모두 50%로 단일화하는 것이 핵심 내용이다. 기존에는 높아야 40%였다는 점을 감안하면 해당 정책은 규제 완화 정책에 해당한다는 것을 파악할 수 있다.

그러면 이번 정책이 부동산시장에 어떤 파급효과를 가져올까? 찾는 방법은 간단하다. 네이버 뉴스에서 '과거 LTV 규제 완화'와 같

챗GPT와의 대화 내용

 역대 한국 정권에서 ltv 규제 완화 정책을 시행했던 정부는 누구야? 그리고 정확한 날짜와 세부내용도 알려줘.

 한국 정부에서 LTV 규제 완화 정책을 시행한 정부는 2014년 박근혜 정부였습니다. 이 정책은 2014년 8월 22일 발표되었으며, 주택 금융 시장 안정화 및 부동산 산업 활성화를 목적으로 LTV와 DTI 규제를 완화하였습니다. 이에 따라 주택 담보 대출 금리가 인하되고, 대출 한도와 상환 기간도 연장되었습니다. 이 정책은 부동산 시장에 일시적으로 호재를 가져왔지만, 그 이후로는 부동산 가격 상승과 주택 금융 부채 증가 등의 부작용을 불러왔습니다.

은 키워드로 검색하거나, 챗GPT에게 물어보는 방법을 활용하면 된다. 챗GPT에게 물어본 결과 박근혜 정부 때 지역에 상관없이 LTV를 70%까지 상향하는 정책을 시행했던 사례를 찾을 수 있다.

시행 이후 부동산 가격이 올랐다는 내용도 있는데, 실제로 데이터를 확인해 보니 2014년 8월 이후에 아파트 매매가격지수가 상승세를 보이기 시작한 것을 알 수 있다. 따라서 이번 LTV 규제 완화 정책도 아파트 매매가격지수 상승에 영향을 미칠 것으로 예상해 볼 수 있다. 다만 박근혜 정부 시절에는 LTV가 70%였는데, 이번 윤석열 정부에서는 50%까지만 적용했기 때문에 박근혜 정부 때만큼 효과가 바로 나타날 수 있을지에 대한 고민도 함께해 볼 필요가 있다.

어떤가? 생각보다 간단하지 않은가? 이렇듯 과거에 비슷한 정책을 찾고, 아파트 매매가격지수까지 확인하면 파급효과를 어렵지 않게 생각해 볼 수 있다. 하지만 정책 하나만 갖고 부동산 가격의 방향을 예측하는 것은 위험하다. 앞서 살펴본 데이터도 함께 고려해서

전국 아파트 매매가격지수

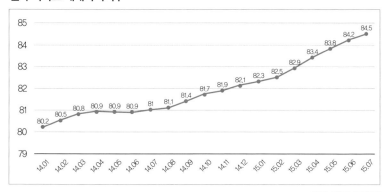

해석하는 습관이 중요하다.

또한 부동산 정책 기사를 읽을 때 주의해야 할 점은 정치적으로 접근하지 않는 것이다. 어떤 경제 이슈든 정치적으로 다가가면 화만 나고 답답한 경우가 많다. 특히 부동산 분야는 더욱 심하다. 이런 감정에 사로잡히면 경제기사에서 얻을 수 있는 건 '화'라는 감정밖에 없다. 따라서 파급효과에 대한 질문과 그래서 '나는 무엇을 준비해야 하는가?'에 좀 더 초점을 맞춰서 경제신문을 읽어보자. 그러면 '화'라는 감정이 아니라 '투자전략'이라는 결과물을 얻을 수 있을 것이다.

부동산면을 읽으면 내 집 마련의 기회가 보인다

입지

절대 놓치지 말아야 할 부동산 입지 3요소

부동산 기사를 읽다 보면 '입지 좋은 곳'이라는 표현을 많이 접한다. 입지의 사전적 의미는 '인간이 경제활동을 하기 위해 선택하는 장소로, 경제활동의 종류에 따라 입지가 각기 다르게 결정된다'인데 (부동산시장에서 입지란 여러 상품 중 아파트의 가격을 결정하는 요소를 말한다), 여기서 중요한 점은 '경제활동 종류에 따라 입지가 각기 다르게 결정된다'이다. 즉 자신의 환경에 맞게 최적화된 장소를 '좋은 입지'라고 한다. 예를 들어 집을 고를 때 직장인이라면 교통이 편리한 곳을 선호할 것이며, 자녀가 있는 사람이라면 교육 환경이 좋은 곳을 선택할 것이다. 하지만 투자에 있어서는 자신뿐만 아니라 남들도 선호하는 입지의 부동산을 매수하는 것이 현명한 선택이 될 수 있다.

그렇다면 입지가 좋다는 의미의 기준은 어디에 있을까? 그 기준에 대해 하나씩 살펴보자.

'교통'의 핵심은 업무지구와의 연결성

입지의 3요소 중 첫 번째로 소개할 요소는 교통이다. 여기서 교통이란 단순히 버스나 지하철을 이용하는 것이 아니라 직장과의 접근성(직주근접)을 의미한다. 즉 매일 출퇴근하는 직장이 있는 업무지구까지 얼마나 빠르고 편하게 갈 수 있느냐가 집값을 가름하는 중요한 요소다.

업무지구란 사무 위주의 업무용 건축물을 집중시켜 업무 수행에 관한 상호 편리를 도모하거나, 그러한 환경을 조성하기 위하여 지정한 지구를 말한다. 쉽게 말해서 일자리가 모여 있는 지역이다. 다만 여기서 말하는 좋은 일자리는 동네에 있는 작은 사무실을 말하는 게 아니다. 바로 화이트컬러(사무 근로직) 직종 기업과 관공서, 대기업 등을 말한다.

강남을 포함해 3대 업무지구라고 불리는 곳이 있는데 CBD(Central Business District, 강북 업무지구), YBD(Yeouido Business District, 여의도 업무지구), GBD(Gangnam Business District, 강남 업무지구)가 이에 해당한다. 이 밖에도 판교, 분당, 송도, 마곡, 상암 등도 업무지구로 분류한다. 특히 업무와 교통의 핵심지인 강남 업무지구를 주축으로 부동산시장이 움직이다 보니 강남과 연결되어 있는지가 가장 중요하다. 이렇듯 일자리가 집중되어 있는 업무지구와의 접근성이 좋을수록 거주하고 싶어 하는 수요가 계속 생기기 때문에 집값에 긍정적인 영향을 미친다. 그래서 교통과 부동산은 떼려야 뗄 수 없는 관계다.

교통 기사가 집값을 움직인다

교통 호재는 통상 세 번 집값에 영향을 준다고 한다. 개발계획이 발표됐을 때, 착공에 들어갔을 때, 그리고 완공 시점이다. 이렇듯 경제신문의 부동산면을 볼 때는 '교통' 관련 기사를 주목해야 한다. 특히 국토교통부, 서울시, 경기도 등에서 발표하는 교통정책 관련 기사가 중요하다. 여기서 발표하는 정책 하나하나가 부동산 투자자들이 가장 주목하는 수도권 부동산시장에 영향을 미칠 수밖에 없기 때문이다. 구체적으로 주목해야 할 교통정책 기사는 두 가지가 있다.

첫째, 전철·도로·지하철·철도와 같은 교통을 개발하는 정책 기사다. 어디를 어떻게 개발하는지에 따라 집값에 큰 영향을 미치기 때문이다. 예를 들어 인덕원역 주변은 원래 술집, 모텔이 늘어선 유흥가 이미지가 강했다. 하지만 2021년 6월 17일에 GTX-C 노선이 인덕원역에 정차한다는 방안이 확정 발표되자 한 달 만에 매매가가 약 1억 원 정도 급등했다. 이렇듯 정부의 교통개발 정책은 집값에 바로 영향을 미치기 때문에 반드시 챙겨 봐야 한다. 특히 GTX, 신안산선, 월판선, 인동선, 수도권 순환 철도망, 간선도로 등과 같이 교통에 큰 변화를 가져오는 기사는 절대 놓치지 말아야 한다.

또한 교통 관련 정책 기사를 읽을 때 그 정책이 나온 경위와 배경 등 행간의 의미를 잘 파악해야 한다. 해당 정책의 의도가 무엇인지, 왜 하필 그 지역인지, 향후 해당 지역의 교통문제가 어떻게 해결될 수 있을지, 해당 지역과 관련해서 가장 가까운 업무지구는 어디인지, 업무지구와의 연결 교통은 얼마나 빠르고 편리한지 등을 파악하는 연습을 하면 나만의 부동산 투자 전략을 세울 수 있다.

둘째, 도시 개발계획 관련 기사다. 서울시의 서울비전 2030, 국토교통부의 도시재생 개발계획, 신도시 개발, 택지지구 개발 등이 이에 해당한다. 해당 지역이 개발되면 어떻게 변모할지 나만의 상상 시나리오를 써보는 연습이 필요하다. 특히 해당 계획을 진행하는 부처 홈페이지에서 원문 자료를 찾은 후 실제로 지도에 어디인지 표시하면서 교통정책과 연결하는 연습을 해야 왜 그 지역을 개발하는지, 왜 하필 그 지역에 철도 노선을 배치했는지 등의 배경을 이해할 수 있다. 뿐만 아니라 개발계획 원문 자료에 예시로 나오는 이미지도 무시해서는 안 된다. 100페이지가 넘는 개발계획 내용 중에서 왜 하필 그 지역에 있는 이미지를 넣었을지 고민해 보자. 보통 계획 소개 이미지일수록 가장 빨리 속도를 낼 가능성이 크다.

다만 호재성 교통개발 정책 관련 기사를 볼 때는 개발계획이 지연되기도 한다는 점에 유의해야 한다. 왜냐하면 집값도 주식처럼 미래에 발생할 호재들을 미리 당겨와서 가격에 선반영하기 때문에 팩트 체크를 하지 않고 덜컥 매수했다가는 개발계획이 취소되었을 때 큰 손해를 볼 수 있다. 따라서 발표된 정책이 언제 시행되는지, 시행이 확정인지, 계획이 어느 단계인지 등을 제대로 파악해야 한다. 이렇듯 신문 기사를 통해 관련 내용을 계속 업데이트하되, 해당 지역에 집을 구입할 때에는 투자 지역을 찾아가 걸어도 보고, 주변 부동산도 방문해 보는 등 직접 최종 점검을 해야 한다.

부동산시장과 '교육'시장은 플러스 관계

입지의 3요소 중 두 번째로 소개할 요소는 교육이다. '맹모삼천

지교(맹자의 어머니가 맹자의 교육을 위해 세 번이나 이사를 한 고사의 가르침)'라는 말처럼 춘추전국시대부터 명문 학군은 존재했다. 현재의 부모들도 다르지 않다. 자녀의 교육을 위해서라면 언제든지 이사할 준비가 되어 있다. 이렇듯 교육은 자녀를 가진 모든 부모들의 관심 1순위다. 특히 요즘처럼 한 명만 낳아서 잘 키우자는 인식이 자리 잡을수록 교육에 대한 관심은 커질 수밖에 없다.

이는 부동산시장에도 영향을 미친다. 자녀의 교육을 위해 학군이 좋은 곳 또는 사교육이 발달한 곳으로 집을 찾는 부모들의 수요 때문이다. 이런 수요가 계속 몰릴수록 주변 아파트값은 우상향할 수밖에 없고, 부동산 투자 관점에서도 교육이 발달한 지역일수록 투자할 만한 가치가 높아지는 것이다.

따라서 입지 3요소 중 교육은 흔히 '학군'으로 불리기도 한다. 학군의 사전적 정의는 '초, 중, 고교의 통학 가능한 범위를 지정하고 그 범위 내의 학교들을 합친 학교의 군'이다. 하지만 부동산시장에서 학군지는 공부를 잘하는 사람이 많이 몰려 있는 지역을 의미한다. 그렇다면 좋은 학군지란 무슨 의미일까? 두 가지로 분류할 수 있다.

첫째, 공교육 환경이 우수한 지역이다. 즉 거주지 주변에 명문 초, 중, 고교에 입학할 수 있는 지역을 의미한다. 요즘은 초, 중, 고중에서 중학교 학군의 중요성이 커지고 있어 중학교가 학군의 꽃이라고도 불린다. 흔히 '중2병'으로 불리는 사춘기로 예민한 중학생들은 주변 친구와 환경에 많은 영향을 받으므로 면학 분위기가 매우 중요하기 때문이다. 또한 좋은 대학에 진학할 확률이 높은 고등학교에 진학하는 것이 중요하기 때문이다. 실제로 서울대가 발표한

'2022학년도 수시모집 선발 결과'에 따르면, 합격자의 절반 가까이가 특목고·자사고·영재고 출신인 것으로 나타났다. 반면에 일반고 출신은 2021년보다 줄었다.

둘째, 사교육 환경이 우수한 지역이다. 즉 거주지에서 학원가로의 접근성이 용이한 지역을 말한다. 서울에서는 강남구 대치동, 양천구 목동, 노원구 중계동 등이 이에 해당한다. 대부분의 학부모는 학군이 좋은 곳에서 자녀를 키우기를 원한다. 따라서 사교육이 잘 형성된 곳으로 집을 볼 수밖에 없고, 특히 소득이 높은 부모일수록 아이들의 교육 환경을 가장 먼저 살핀다.

부자들이 1순위로 고려하는 요소, '환경'

입지의 3요소 중 마지막으로 소개할 요소는 환경이다. 여기서 말하는 환경은 거주 편의성으로 이해하는 게 쉽다. 공원, 한강뷰, 오션뷰, 백화점 등이 가까이에 있으면 거주하는 데 삶의 질이 높아지기 때문이다.

그러나 엄밀히 말해 환경은 꼭 필요한 요소는 아니다. 한강뷰가 보이지 않아도 사는 데 아무런 지장이 없기 때문이다. 그런 이유에서 오히려 환경 요소는 부자들이 가장 중시하는 조건이 된다. 이를테면 한강은 아무리 부자여도 돈으로 살 수 없다. 대체재가 없다는 의미다. 따라서 부자일수록 부동산 투자를 할 때 3요소 중에서 환경을 우위에 둔다는 것을 알 수 있다. 이를 증명하듯 2021년 기준으로 우리나라에서 아파트 최고가 1, 2위는 한강뷰가 보이는 한남 더힐과 더 펜트하우스 청담 아파트다.

그렇다면 입지에서 환경이 우수하다는 것은 무슨 뜻일까? 이는 두 가지로 분류할 수 있다.

첫째, 조망이 좋다는 뜻이다. 환경적인 요소는 조망에 따라서 결정될 수 있다. 즉 강, 바다, 숲, 공원과의 접근성이 얼마나 좋은지에 따라 환경의 우수 여부가 결정된다. 뷰가 막힌 곳보다 트인 곳을 더욱 선호하듯이 같은 아파트에서도 한강뷰, 공원뷰, 오션뷰, 숲뷰 등 조망이 나오는 동에 따라 프리미엄이 붙곤 한다.

둘째, 인프라와의 접근성이 좋다는 의미다. 흔히 얘기하는 슬세권(슬리퍼로 이용할 수 있는 상권), 스세권(스타벅스가 주변 있는 곳), 맥세권(맥도날드가 가까이 있는 곳), 편세권(편의점이 가까이 있는 곳), 몰세권(대형마트, 아울렛 등 대형 쇼핑센터가 가까이 있는 곳) 등 주변에 편의시설 인프라가 얼마나 잘 갖춰져 있느냐에 따라 환경 요소의 평가가 달라질 수 있다.

지금까지 입지의 3요소를 살펴봤다. 이 중에서 어떤 게 가장 중요한지는 핵심이 아니다. 지역의 특성에 따라 복합적으로 생각해야 하기 때문이다. 모두 갖추었다면 좋겠지만, 그렇지 않다면 어떤 요소에 차별적인 강점이 있는지 파악해야 한다. 또한 입지는 고정된 것이 아니다. 일자리가 없던 판교에 업무지구가 형성된 것처럼, 용산의 미군기지가 평택으로 이전하면서 아파트가 들어서는 것처럼, 새로 생기거나 있던 것이 없어지면 입지의 가치는 언제든지 변할 수 있다. 따라서 현재의 입지를 분석하는 것도 중요하지만 미래의 입지 변화까지 생각하면서 관련기사를 해석해야 한다는 점을 유의하자.

4장

돈 벌어주는
경제신문 읽기: 실전

테이퍼링, 진짜 무서운 걸가

'테이퍼링'에 대해 들어본 적이 있는가? 다음 기사를 읽고 나면 테이퍼링에 부쩍 관심이 생길 수도 있겠다.

뉴욕증시, '테이퍼링 가속'에 급락…다우 1.9%↓

30일(현지 시간) 미국 뉴욕증시가 코로나19 오미크론 변이 우려와 제롬 파월 연방준비제도(Fed, 연준) 의장의 '테이퍼링(자산매입 축소) 가속화' 발언에 급락했다. 이날 다우존스30 산업평균지수는 전장보다 652.22포인트(1.86%) 떨어진 3만 4,483.72에 거래를 마쳤다. 파월 의장은 이날 커지는 인플레이션 우려에 대응하기 위해 연준의 테이퍼링 진행 속도를 높일 가능성을 언급했다.

— 박상은, 〈국민일보〉, 2021. 12. 1.

주식 투자에 입문한 지 얼마 안 된 초보자들은 기사를 읽고 나서 '도대체 테이퍼링이 뭐길래, 내 주식까지 하락하게 하는 걸까?'라고 생각하며 이해가 안 될 것이다. 심지어 우리나라도 아니고 미국이 테이퍼링을 하는데 나랑 무슨 상관인가 싶겠지만, 전 세계 경제가 연결되어 있기 때문에 일개 개인투자자인 나에게까지 영향이 오는 것이다. 심지어 투자자가 아니더라도 대출을 받은 사람이라면 누구나 연관이 있기 때문에 반드시 알아야 한다. 테이퍼링의 의미와 영향, 그리고 우리는 어떤 준비를 해야 하는지 차근차근 살펴보자.

테이퍼링을 이해하기 위해서는 앞서 2장에서 설명한 '연준'에 대한 이해가 필요하니 아직 못 읽었다면 먼저 읽고 오는 것을 추천한다. 다시 말하지만 연준이란 '연방준비제도'의 줄임말로 미국의 중앙은행이다. 전 세계 모든 중앙은행의 목표는 물가안정이다. 즉 경기가 너무 과열되면 찬물을 끼얹어주고, 경기가 너무 가라앉아 있으면 좀 띄워줘서 안정을 찾을 수 있도록 도와주는 게 그들의 목표다. 그러면 중앙은행은 어떻게 물가를 안정시킬까?

테이퍼링은 중앙은행의 통화정책 중 하나

중앙은행이 물가를 안정시키는 방법은 크게 두 가지다. 기준금리를 활용한 간접 방법, 돈을 직접 뿌리거나 거두는 직접 방법. 이를 통화정책이라고 한다. 통화정책은 다음과 같이 진행하는데, 전체적인 과정을 이해해야 테이퍼링을 좀 더 쉽게 이해할 수 있으니 한 단계씩 간략하게 살펴보자.

1단계: 금리인하

경기가 안 좋으면 아무도 돈을 빌리려고 하지도 않고, 잘 쓰지도 않아서 시장에 돈이 돌지 않는다. 이때 중앙은행이 금리를 내려서 사람들이 쉽게 돈을 빌려 쓰도록 한다. 기준금리가 내려가면 대출금리도 내려가기 때문이다. 예를 들어 코로나 사태로 경기가 안 좋아지자 한국은행은 제일 먼저 기준금리를 역대 최저 금리인 연 0.5%로 인하했다.

2단계: 양적완화

기준금리를 낮춰도 경기가 살아나지 않으면 중앙은행이 다시 등장해서 시장에 돈을 적극적으로 풀기 시작하는데, 이를 양적완화 정책이라고 한다. 그러나 돈을 불특정 다수에게 그냥 나눠줄 수는 없다. 그래서 중앙은행은 시중에 있는 국채와 은행·증권사 등의 금융사들이 보유한 채권 등을 대량으로 사게 된다. 그러면 채권을 판매한 금융사들에게 많은 돈이 유입된다(물론 빌려준 돈이다).

은행의 경우에는 보유하고 있는 현금이 늘어나 사람들에게 대출해줄 수 있는 여유가 커진다. 이에 은행은 좀 더 적극적으로 대출을 해줄 수 있어 시장에 돈이 풀리게 된다. 이를 '유동성(돈)'을 공급한다'고 표현한다. 실제로 한국은행은 2020년 3월에 코로나 확산에 따른 경제 충격을 해소하기 위해 유동성을 무제한 공급하겠다고 밝힌 바 있다.

3단계: 테이퍼링

경기가 점점 좋아지면 기준금리 인하와 양적완화를 계속 진행할 필요가 없어진다. 왜냐하면 시장에 풀린 돈의 양만큼 인플레이션도 함께 일어나는데, 과도한 인플레이션으로 물가가 급등하면 경기가 어려워지기 때문이다. 이때 중앙은행이 테이퍼링을 실시한다. 테이퍼링의 사전적 의미는 '점점 가늘게 하다'로, 시장에 공급하는 돈의 양을 점차 줄여나가는 의미다. 여기서 포인트는 지금 당장 시장에 돈을 공급하지 않겠다는 게 아니라, 시장에 돈을 풀긴 푸는데 그 양을 점점 줄여서 풀겠다는 의미다.

예를 들어 백신이 공급되면서 코로나 확산세가 진정돼가자 경기가 회복하는 신호들이 곳곳에서 보였다. 더불어 시장에 풀린 돈이 주식과 부동산 등의 자산 가격을 너무 빨리 올리면서 물가가 급등하는 현상이 나타났다. 그러자 미국의 중앙은행인 연준은 2021년 5월에 테이퍼링 시작을 언제 할지 고민하는 회의를 곧 할 것이라며 2013년 이후 처음으로 테이퍼링을 언급했다.

4단계: 금리인상

테이퍼링이 시작되면 중앙은행은 경기 상황을 지켜보다가 돈의 양을 줄여서 공급하는데도 경기가 좋아지면, 중앙은행은 테이퍼링을 멈추고 금리를 인상한다. 기준금리가 올라가면 대출 금리도 높아지니, 더 높아지기 전에 대출금을 빨리 갚으려는 사람들이 많아진다. 그러면 시중에 풀렸던 돈이 점점 중앙은행으로 흡수되는 효과가 있다.

5단계: 양적긴축

금리를 인상했는데도 경기가 너무 과열됐다 싶으면 양적긴축 정책을 펼친다. 즉 시장에 풀린 돈을 다시 거두어들이는 것이다. 바로 이 단계에서 거두어들이는 것이지 테이퍼링 때 거두는 게 아니라는 점이 중요하다.

풀린 돈을 거두는 방법 중 가장 대표적인 방법은 '대차대조표 축소'다. 대차대조표란 기업의 자산·부채·자본을 나타내는 표로, 대출은 얼마 있고 자본은 얼마 있는지 등을 보여준다. 연준이 보유한 자산은 대부분 미국 국채인데, 미국이 발행한 채권이라고 생각하면 된다. 바로 이 채권을 매입하거나 매도하면서 유동성을 조절하며 통화정책을 펼친다.

예를 들어 경기가 침체되면 연준이 채권을 매입해 유동성을 공급한다. 그러면 연준이 채권을 사는 거니까 시장에 돈을 지불한다. 즉 연준이 갖고 있던 돈이 시장으로 빠져나가는 것이다. 그래서 시장에 돈이 많아진다. 그러면 채권을 계속 매입할수록 연준의 자산이 증가하므로 대차대조표의 규모도 증가하게 된다. 이를 양적완화 정책이라고 한다.

이렇듯 시장에 돈을 공급하면 기업들이 대출받기가 쉬워져서 투자를 많이 하게 된다. 그러면 기업의 매출액이 증가하면서 주가도 상승세를 보여서 양적완화는 주식시장에서 호재로 작용하는 편이다. 그런데 돈을 이렇게 계속 풀면 인플레이션이 급등하고 물가도 급등하는 부작용이 발생한다. 실제로 코로나 때 이렇게 돈을 마구 풀었더니 주식과 부동산 등의 자산가격이 급등하는 모습을 보였다.

이렇게 경기가 과열되면서 인플레이션이 심해지면 연준은 시장에 풀었던 돈을 조금씩 회수하기 시작한다. 이전과 반대로 시장에서 샀던 채권을 다시 팔아서 돈을 거두어들인다. 그러면 연준은 갖고 있던 채권을 파는 거니까 자산이 줄어든다. 이를 양적긴축이라고 한다. 이에 따라 기업들이 투자를 줄이면서 매출액은 감소하고 주가도 하락한다. 그래서 양적긴축은 주식시장에서 악재로 작용하는 편이다.

이렇듯 중앙은행은 경기 상태를 지켜보면서 상황에 맞는 통화정책을 사용하고, 통화정책 방향에 따라 여러 자산가격의 방향도 변한다. 그래서 중앙은행이 통화정책을 발표할 때마다 근거로 인플레이션, 소비자물가지수, 고용지표 등을 언급하며 경제가 좋아지고 있는지를 확인하는 것이다.

대화 예시로 보는 통화정책 과정

이렇게만 보면 앞서의 5단계가 너무 어렵게 느껴지니 백수인 딸과 엄마의 대화 예시로 통화정책 과정을 좀 더 쉽게 이해해 보자. 그전에 우선 '엄마＝중앙은행, 딸＝시장, 용돈＝유동성＝돈'으로 생각하면서 대화를 읽어나가 보자.

금리인하

엄마: 우리 딸, 아직 취업 준비 중이니까 집안일도 줄여주고, 보험비, 통신비 등도 엄마가 다 내줄게!

딸: 고마워! 엄마가 이렇게 지원해 주니 내가 더 열심히 준비할
맛이 나네~

아직 경제적으로 독립하지 못한 딸(경기가 좋지 않다)에게 집안일을
줄여주는 등(금리인하)의 도움을 주면, 딸은 좀 더 적극적으로 취업
준비를 할 수 있다(경기가 좋아질 수 있다). 하지만 딸이 생활비를 벌기
위해 알바를 하느라 취업을 못했다면?(경기가 살아나지 않는다면?) 좀 더
확실한 지원이 필요하다.

양적완화

엄마: 아직도 취업을 못 했어? 안 되겠다. 알바도 하지 마! 취업
준비에만 전념할 수 있도록 용돈 한 달에 50만 원씩 줄게!
딸: 와 정말?! 역시 엄마밖에 없어~

양적완화는 집안일 줄여주는 것으로는 효과가 없으니, 백수인 딸
에게 취업하라고 용돈을 주면서 좀 더 적극적인 지원을 해주는 것이
다. 그러면 자녀 입장에서는 돈이 생기니까 먹는 데에도 쓰고, 교통
비에도 쓰고(소비), 책도 사서 보고, 강의도 듣고(투자) 하게 된다. 즉
소비와 투자를 좀 더 적극적으로 하게 된다. 그래서 취업이 되면 엄
마 입장에서는 더 이상 용돈을 많이 줄 필요가 없어진다.

테이퍼링

엄마: 우리 딸 취업 너무 축하해! 이제 용돈 안 줘도 되겠네?

딸: 이렇게 갑자기…? 나 아직 정규직두 아닌데…?

엄마: 흠… 하긴…. 인턴 월급 너무 적으니까 아예 안 주기는 좀 그렇네. 그럼 인턴 기간 3개월 동안에는 용돈을 계속 줄게. 단 수습기간에도 월급이 좀 나오니까 전보다 줄여서 줄게. 괜찮지?

딸: 괜… 찮아!(휴…)

테이퍼링은 딸이 어느 정도 자리를 잡아가니까 부모님 입장에서는 많이 주던 용돈을 줄이게 되는 것이다. 이때 딸의 재정 상황은 잠시 타격을 받을 수도 있지만, 인턴 월급이 들어오기 때문에 타격은 오래가지 않는다. 그리고 여기서 포인트는 용돈은 계속해서 들어오고 있다는 것이다. 양만 점점 줄어들 뿐. 그러다가 딸이 정규직이 되면?

금리인상

엄마: 우리 딸, 드디어 정규직 됐구나! 고생 많았어~ 그럼 이제 용돈은 안 줘도 괜찮지?

딸: 어, 괜찮아!

엄마: 그래? 보험비랑 통신비도 이제 네가 내도 괜찮지?

딸: 어, 괜찮아…!

엄마: 그래? 그럼 독립하기 전까지 월세도 조금씩 줄래? 솔직히 지금까지 집안일도 안 시키고, 공짜로 재워준 거잖아, 괜찮지?

딸: 아, 그건 안 괜… 찮지만… 알았어.

금리인상은 이제 딸이 정규직이 되면서 따박따박 월급이 들어오니까 용돈을 더 이상 줄 필요가 없어진 것이다. 이때 딸의 재정 상황은 잠시 타격을 받을 수도 있지만, 예전보다는 안정적으로 돈을 벌고 있기 때문에 감당할 수 있다. 따라서 엄마가 딸에게 월세를 받으면 그동안 지원했던 돈을 다시 회수할 수 있게 된다(시장에 풀린 돈 회수 과정).

양적긴축

딸: 엄마, 나 오늘 성과급 받았어! 소고기 먹으러 갈까?

엄마: 어머! 우리 딸 승진해서 월급도 올라가더니 이젠 성과급까지 나와?!

딸: 후훗, 옛날의 백수 시절은 잊어주세요~

엄마: 그래? 그럼 이제 딸이 엄마한테 용돈 좀 줄 수 있지?

딸: 어? 어… 그럼… 효도해야지, 하하….

긴축정책은 그간 고생하신 부모님께 딸이 용돈을 주는 것이다. 딸 입장에서는 돈이 빠져나가기 때문에 재정 상태에 타격을 받는다. 하지만 여기서 중요한 것은 딸의 능력과 엄마께 드리는 용돈의 크기다. 즉 딸의 능력은 낮은데 부모님에게 드리는 용돈의 크기가 커지면? 딸은 많이 힘들어질 수 있다. 하지만 반대의 경우에는 타격이 일시적일 수 있다.

"그래서 저는 뭘 하면 되죠?"

여기까지 테이퍼링에 대해 이해했다면 이제 미국의 테이퍼링이 시장에 미치는 영향을 살펴본 후 대응 전략을 수립해야 한다. 먼저 테이퍼링이 어디에 어떤 영향을 미칠지 살펴봐야 한다. 테이퍼링은 크게 기준금리와 환율에 영향을 미친다.

테이퍼링 영향

1. 기준금리

테이퍼링 → 기준금리 인상 → 대출금리 인상 → 이자 부담 증가 → 대출 조기상환 수요 증가 → 빚내서 투자한 주식 및 부동산시장에서 자금 이탈 → 주식 및 부동산시장 하락

테이퍼링 이후 금리인상까지 이어지면 시장에 풀렸던 돈이 줄어들면서 주식 및 부동산시장에 타격을 줄 수 있다. 특히 거품(실제 가치보다 높게 평가된)이 많이 낀 자산부터 빠질 가능성이 크다. 그래서 투자자들은 테이퍼링이 시작되면 위험자산 비중을 줄이고 현금화하는 등 방어적인 자세를 취하기 시작한다.

2. 환율

테이퍼링 → 달러 공급↓ → 달러 유동성↓ → 달러 귀해짐 → 달러 강세 → 원달러환율 상승 → 국내 주식시장에서 외국인 투자자의 매도세↑ → 국내 주식시장 하락

테이퍼링이 시작되면 달러 공급이 전보다 줄어들기 때문에 달러가 귀해진다. 이에 따라 원달러환율이 상승하면서 환차손을 피하려는 외국인 투자자가 증가한다. 그러면 주식시장에서 외국인 투자자들의 매도세가 커진다. 그래서 주식 투자자들은 테이퍼링이라는 단어만 봐도 두려움을 갖게 되는 것이다.

이에 따라 우리가 준비해야 할 것은 크게 네 가지가 있다.

- 현금 확보로 분할매수
- 달러 비중 늘리기
- 대출 상환 및 고정금리 고민
- 금리인상 및 경기회복 수혜 기업 주목

테이퍼링은 보통 기준금리 인상의 신호탄이다. 바로 이 신호탄은 시장이 가장 싫어하는 '변동성(불확실성)'이다. 기준금리를 인상하기 전까지 계속해서 언제 오를지 모른다는 불안감을 안고 가야 한다. 이러한 불안감 때문에 단기적으로 시장이 큰 충격을 받을 수 있으니 우선 어느 정도 현금을 확보해둔 후 평소보다 좀 더 보수적으로 투자하는 방법이 유효하다. 그래야 시장이 충분히 하락해 다시 저점에 들어섰을 때 위험자산 비중을 늘려 유연하게 대응할 수 있기 때문이다. 다만 저점은 아무도 모르기 때문에 분할매수 전략은 유지해야 한다.

또한 달러가 귀해짐에 따라 달러 투자 비중을 늘리는 것도 자산을 방어하는 수단이 될 수 있다. 더불어 금리가 오르기 전에 미리 대출을 상환하거나 고정금리로 갈아타 이자 부담을 줄이는 것을 고민해봐야 한다. 자세한 내용은 다음에서 다루겠다.

마지막으로 테이퍼링을 너무 안 좋게만 생각하지 말고, 오히려 투자의 기회로 사용할 준비를 해야 한다. 앞서 살펴봤듯이 테이퍼링은 경기가 좋아진다는 신호가 보이지 않으면 절대로 시행할 수 없는 정책이다. 따라서 경기가 정말로 좋아지고 있는지, 좋아진다면 수혜 기업은 어디가 될지 등을 생각해 보는 것이다.

앞서 엄마와 백수였던 딸의 예시를 보면, 딸이 취업 후 엄마께 용돈을 드리는 단계에서 중요한 것은 '딸의 능력'이라고 했다. 즉 중앙은행이 테이퍼링을 하든 기준금리를 인상하든 중요한 것은 시장이 그것을 받아들일 수 있는 능력이 받쳐주면 오히려 '경기회복'이라는 호재로 받아들일 수 있다는 의미다. 여기서 능력은 실제 시장에서 무엇을 의미할까? 바로 기업들이 돈을 계속해서 잘 벌 것인가를 의미한다. 즉 중앙은행이 테이퍼링을 하든 기준금리를 인상하든 기업 이익 전망치가 계속해서 올라가고 있다면 투자할 만한 기업이 되는 것이다.

금리가 오른다던데, 고정금리로 갈아타야 할까요?

경제 · 금융편

고정금리 vs 변동금리 vs 혼합금리

한국은행은 코로나19 이후 기준금리를 계속해서 0.5%의 역대 최저금리로 유지해오고 있었다. 그런데 2021년 11월 25일 기준금리를 연 1%로 인상하며 금리인상 시작의 서막을 열었다. 심지어 미국 중앙은행은 테이퍼링을 기존 일정보다 앞당겨 끝낼 수 있다고 발표했다.

금리 뜀박질…변동금리 대출자 '울상'

"2020년 30년 만기 변동금리 조건으로 3억5000만원 주택담보대출을 받았는데, 금리 오르는 게 무섭네요. 고정금리로 갈아탈까요?"

금리 상승이 본격화되면서 변동금리로 주택담보대출을 받은 이들이 고정금리로 갈아타려는 움직임을 보이고 있다. 실제 가계빚은 '제로금리'가 시작된 지난해 3월 이후 200조원 이상 늘었고, 이 기간 변동금리 비중도 절대적으로 높다. 사실상 대부분의 대출이 금리 인상기 직격탄을 맞는다는 예상이다.

— 박자연, 〈헤럴드경제〉, 2021. 12. 20.

이에 따라 위 기사처럼 최근 변동금리와 고정금리 중 어떤 것으로 선택해야 이자 부담을 줄일 수 있는지 고민하는 사람들이 많다. 우선 은행에서 대출을 받을 때 선택할 수 있는 금리의 종류부터 간략하게 파악해 보자.

대출을 받을 때 적용되는 금리는 크게 세 가지가 있다. 대출을 받을 때 결정된 금리가 대출 만기일까지 동일하게 유지되는 방식이 고정금리이고, 일정 주기마다 기준금리의 변동에 따라 대출금리가 변동되는 방식이 변동금리다. 그리고 고정금리과 변동금리를 섞은 혼합형 금리도 있다. 이는 대출금의 상환 만기일까지 고정금리가 유지되는 것이 아니라, 일정 기간에만 고정금리가 적용된 후 변동금리로 전환되는 방식이다. 따라서 대출받는 사람의 자금계획에 맞게 운용이 가능하다는 장점이 있다.

통상 금리하락기에는 변동금리로 대출받는 것이 유리하고, 반대

고정금리 vs 변동금리 vs 혼합금리

구분	고정금리	변동금리	혼합금리
특징	대출 실행 시 결정된 금리가 대출만기까지 동일하게 유지	일정 주기마다 대출 기준금리 변동에 따라 대출금리 변동	고정금리 방식과 변동금리 방식 혼합
장점	시장금리 상승기에 금리 인상 없음	시장금리 하락기에 이자 부담 감소	자금계획에 따른 맞춤형 운용 가능
단점	시장금리 하락기에 금리 인하 없음	시장금리 상승기에 이자 부담 증가	

로 금리인상기에는 고정금리로 대출을 받는 것이 유리하다. 그래서 최근 금리인상기에 덜컥 고정금리로 변경하는 사람들이 있다. 하지만 이는 꼭 정답이 아닐 수도 있다. 왜냐하면 보통 변동금리가 고정금리보다 낮기 때문이다.

금리인상기, 무조건 고정금리가 유리할까

금리인상기에 고정금리로 갈아탈지 말지를 선택할 때 가장 먼저 고려해야 할 사항은 '대출 상환 기간'이다. 즉 대출 만기의 장단기 구분에 따라 전략을 짜는 게 좋다. 예를 들어 신용대출이나 전세대출과 같이 단기성 대출은 고정금리를 선택해 높은 금리를 부담해야 할 필요는 없다. 반대로 주택담보대출과 같이 상환 기간이 긴 경우에는 고정금리를 선택하는 게 대안이 될 수 있다.

또한 이미 기준금리 인상기가 시작된 상태에서 신규 주택담보대출을 받는다면 고정금리가 유리할 수 있다. 다만 금리상승기라 하더라도 금리인상 폭과 주기, 대출 기간 등에 따라 변동금리가 유리할 수 있으므로 거래은행에 자세한 사항을 확인한 후 금리 조건을 선택하는 것이 바람직하다. 예를 들어 금리상승기에 만기가 20~30년으로 긴 주택담보대출을 받는 경우 혼합형(5년 고정, 이후 변동금리)이 고정금리형보다 유리할 수 있다.

더불어 우리나라의 기준금리 방향만 고려하면 안 된다. 우리나라는 결국 미국의 기준금리 방향을 따라갈 수밖에 없어서 미국의 기준금리가 인상되면 당연히 나의 대출금리 또한 인상되기 때문이다.

따라서 경제신문에 연준이 나오면 반드시 챙겨 보면서 기준금리 방향을 생각해봐야 한다.

정리하자면 금리 변동의 추이뿐만 아니라 상환 기간, 대출 종류 등을 함께 고려해서 고정금리가 유리한지 변동금리가 유리한지 결정해야 한다. 가장 좋은 방법은 은행에 직접 방문해서 상담을 받고 결정하는 것이 좋다.

갈아타기 전에 주의할 점 두 가지

이미 변동금리 대출을 보유하고 있다면 고정금리로 갈아타기 전에 확인해야 할 점이 두 가지가 있다. 바로 가산금리와 중도상환수수료다. 가산금리란 기준금리에 신용도 등의 조건에 따라 덧붙이는 금리로, 은행이 가져가는 마진을 말한다. 신용도가 높으면 가산금리가 낮아지고, 반대로 신용도가 낮으면 가산금리는 높아진다.

대출금리는 '기준금리 + 가산금리 - 우대금리'로 구성되는데, 기준금리는 한국은행의 결정에 따라 오르내리지만, 가산금리는 변동·고정형 여부와 관계없이 대출 만기까지 변하지 않는다. 따라서 과거 처음 대출을 받을 당시 책정된 가산금리가 대출을 갈아타려는 시점의 가산금리보다 현저하게 낮다면, 기준금리 인상 가능성을 고려해도 갈아타지 않는 게 나을 수 있다.

두 번째는 중도상환수수료다. 만기 전에 대출을 갈아타려면 중도상환수수료를 내야 한다. 조기상환으로 인해 은행이 앞으로 받지 못하게 된 대출이자 등 기회비용을 고객에게 부담하게 하는 제도다. 따라서 갈아타는 금리와의 격차가 중도상환수수료보다 낮다면 오히려 손해를 볼 수 있다. 은행이나 대출상품에 따라서 중도상환수수료가 달라지긴 하지만, 추가적인 비용을 지불해야 하는 것이기 때문에 지불해야 하는 총 대출이자와 비교해서 비용을 따져봐야 한다. 참고로 대출 만기일이 얼마 남지 않을수록 중도상환수수료는 줄어든다. 그리고 보통 같은 은행에서 변동금리 주택담보대출을 고정금리 대출로 갈아탈 경우에는 중도상환수수료를 1회에 한해 면제하고 있다.

더불어 금융감독원(금감원)의 은행 대출 관리 규제가 심해질 경우 연말을 활용하는 전략도 있다. 금감원은 은행의 가계대출 한도를 관리하는데, 이에 대한 규제가 강해지면 은행의 대출로 벌어들이는 이자 수익성은 악화된다. 하지만 채찍만 주지는 않는다. 각 은행의 올해 가계대출 증가율 관리 수준에 따라 내년 가계대출 한도를 늘려주기도 한다. 따라서 은행들은 연말이 다가올수록 금감원과의 대출 증가율 약속을 잘 지키려고 노력해 가계대출 총량 자체를 낮추려고 한다.

예를 들어 은행은 고객들에게 올해 갖고 있던 전세대출 자금을 상환하게 하고, 내년부터 적용되는 신규 전세대출을 받도록 유도한다. 그러면 내년 대출 총량은 늘어나지만, 올해 전세 자금은 상환되기 때문에 금융당국이 정한 기준에 따른 올해 대출 총량은 줄어드는 효과가 난다. 그래서 연말이 다가올수록 은행은 올해 대출해 준 전세 자금을 상환하도록 유도하기 위해 중도상환수수료 전액 면제해 주는 이벤트를 심심치 않게 볼 수 있다. 따라서 금감원이 은행의 대출 한도에 대한 규제 강도를 높일 때는 연말 즈음에 갈아타면 중도상한수수료도 아끼면서 좋은 조건의 대출로 갈아탈 수 있다.

다만 정부의 대출 규제가 적용되는 상품인지, 중도상환수수료가 얼마나 나오는지 등은 꼭 따져봐야 한다. 은행별로, 상품별로 약관이 다르고, 개인별 신용등급에 따라 편차가 심하기 때문에 은행에서 직접 상담을 받는 편이 낫다.

산업의 대장은 나야 나, '반도체'

산업편

반도체 산업을 알아야 하는 이유

경제신문 산업면을 보다 보면 반도체 산업을 다루는 기사가 최소한 하나씩은 매일 실린다. 왜 이렇게 반도체 산업을 주목하는 걸까? 그 이유는 크게 네 가지가 있다.

첫째, 반도체가 우리나라 수출 품목 1위이기 때문이다. 실제로 산업통상자원부에서 발표한 '2021년 1월 수출입 동향'을 보면 전체 수출 중에서 반도체 비중이 22.5%를 차지했다.

둘째, 국내 시가총액 1위가 반도체 기업인 삼성전자이기 때문이다. 글로벌 시장조사업체 가트너가 발표한 '2021년 세계 반도체 시장 매출액 TOP10' 보고서에서 삼성전자가 지난해 759억 5천만 달러의 매출로 글로벌 1위에 올라섰다고 밝혔다.

셋째, 우리가 사용하는 거의 모든 전자제품에 반도체가 들어가기 때문이다. TV·노트북·스마트폰·냉장고·에어컨 등에 이르기까지 거의 모든 전자제품이 반도체 없이 작동할 수 없다. 그래서 반도체는 '산업의 쌀'로 불린다. 이렇듯 반도체가 나오는 아무 상관이 없어 보이지만 밀접하게 관련이 있는 산업이다.

넷째, 집값에도 영향을 미치기 때문이다. 대표적인 예시로 평택 고덕국제신도시가 있다. 신도시 개발 직전인 2016년만 해도 평택시 미분양 주택은 5천여 가구에 육박할 만큼 인기가 없었다. 하지만 삼성전자의 반도체 산업단지가 2017년부터 가동을 시작하면서 평택 집값이 올라가기 시작했다. 구매력을 갖춘 인구가 대폭 유입해 주거 수요가 늘어났기 때문이다. 이에 부동산시장에 '삼세권'이라는 신조어까지 생겼다. 이렇듯 반도체 공장이 어디에 들어오는지에 따라 아파트 가격이 달라지기도 한다.

'반도체' 기사가 술술 읽히는 기본 상식

반도체의 뜻을 이해하기 위해서 우선 '도체'와 '부도체'를 알아야 한다. 도체(Conductor)란, 전기 혹은 열이 잘 흐르는 물질로 철, 전선, 알루미늄, 가위, 금 등이 해당한다. 부도체란(Insulator)란, 전기 혹은 열이 흐르지 않는 물질로 유리, 도자기, 플라스틱, 마른나무 등이 해당한다. 여기까지 이해하고 반도체를 다시 보면, 이름에서 중간적인 성격이 느껴지지 않는가? 반도체(Semiconductor)란 도체와 부도체의 중간 정도 되는 물질로서, 어떤 인공적인 조작을 가하면 전기가 흐르게 할 수도 있고, 흐르지 못하게 할 수도 있는 것이다.

반도체 종류는 크게 메모리 반도체와 비메모리 반도체로 나뉜다.

메모리 반도체는 '메모리(Memory)'라는 영어에서 알 수 있듯이 기억한다는 뜻으로, 컴퓨터에서 파일을 저장해 주는 저장장치라고 생각하면 쉽다. 메모리 반도체는 세계적으로 삼성전자와 SK하이닉스, 그리고 마이크론 이렇게 3개 기업이 꽉 잡고 있는데, 이들이 생산하는 반도체가 D램이다. 반면에 비메모리 반도체는 정보를 처리하는 데 쓰이는 반도체로, 시스템 반도체라고도 불린다. 컴퓨터의 두뇌 역할을 하는 CPU로 사용되는 반도체라고 생각하면 쉽다.

반도체 기업은 크게 세 가지로 나뉜다. 파운드리(Foundry), 팹리스(Fabless), 종합 반도체 기업(IDM, Integrated Device Manufacturer). 파운드리는 생산을, 팹리스는 설계를 의미한다. 즉 파운드리는 반도체를 대신 만들어주는 것인데, 설계도를 받아 생산만 하는 기업을 말한다. 반대로 팹리스는 반도체를 직접 생산하지 않고 설계 및 기술 개발만 하는 기업을 말한다. 종합 반도체 기업은 반도체 설계부터 생산까지 모든 반도체 생산 공정을 종합적으로 갖춘 기업이다. 삼성전자가 바로 여기에 해당한다.

많은 사람이 삼성전자가 세계 반도체 넘버원이라고 생각하는데, 엄밀하게 말하면 이건 사실이 아니다. 물론 삼성전자가 메모리 반도체 시장에서는 넘버원이 맞다. 하지만 전체 반도체 시장에서 메모리 반도체 시장보다 비메모리 반도체 시장이 2배 이상으로 크기 때문에 사실상 비메모리에서 세계 1등을 해야 의미가 더 크다. 현재까지 비메모리 반도체 시장 넘버원은 인텔, 2위는 TSMC, 3위는 퀄컴으로 모두 미국 기업이다.

그래서 국내 기업들도 비메모리 반도체를 키우려고 열심히 노력하고 있다. 하지만 해외 반도체 기업과 비교했을 때 여전히 많이 부족하다. 따라서 반도체 업황을 긍정적으로 본다면 국내에만 한정해서 투자하기보다는 글로벌 반도체 기업에도 함께 분산투자를 해야 현명한 투자자가 될 수 있다.

반도체 기사 읽기 전에 이것만은 꼭 알아두자

반도체 기사를 읽기 전에 반드시 알아야 할 배경지식은 미국과 중국의 전쟁이다. 여기서 말하는 '전쟁'은 실제 폭탄과 총으로 싸우는 물리적 전쟁이 아니라 총성 없는 패권전쟁을 의미한다. 미국과 중국은 반도체전쟁, 화폐전쟁, 무역전쟁, 환율전쟁, 기술전쟁 등 다양한 분야에서 싸우고 있다. 왜 이렇게 싸우는 걸까? 바로 중국이 계속해서 세계 1위 강대국 자리를 뺏고 싶기 때문이다.

실제로 중국은 전기차, 반도체 등 10개 하이테크 분야에서 제조업 초강대국이 되겠다는 '중국제조 2025', 2035년에 선진국 수준 제조기술을 달성하겠다는 '중국표준 2035' 등의 정책을 통해 세계 1등이 되겠다는 포부를 당당하게 밝히고 있다. 이에 현재 세계 1등인 미국이 기분이 좋을 리 없다. 그래서 미국은 중국을 견제하기 위해, 중국은 세계 1등이 되기 위해 계속해서 부딪칠 수밖에 없게 되는 것이다. 결국 무역전쟁, 반도체전쟁이라는 타이틀에 '패권'이라는 본질을 숨기고 서로 다투고 있는 것이다.

바이든 대통령이 반도체에 집착하는 이유

미국과 중국의 여러 전쟁 중에서 가장 피 튀기게 싸우는 곳은 기술 패권전쟁이고, 기술 패권전쟁의 중심은 반도체 패권전쟁이다. 4차 산업혁명 시대가 시작되면서 세계 각국은 첨단 기술을 주도하기 위해 경쟁하고 있다. 특히 미래를 선도하는 기술 5g, AI, 자율주행 등 모두 반도체 없이 성장할 수 없기 때문에 반도체 기술패권을 장악해야만 세계 최강국의 지위를 유지할 수 있다. 이렇듯 4차 산업혁명이 본격화되면서 핵심 역량인 반도체 주도권 확보를 위한 '반도체전쟁'이 시작된 것이다.

이에 중국은 2015년에 중국 제조업을 2025년까지 10년간 독일과 일본 수준으로 끌어올린다는 야심찬 '중국제조 2025'를 발표했는데, 제조업 강대국이 되겠다는 전략이다. 이 전략에는 반도체에 170조 원을 쏟아붓고, 2025년까지 반도체 자급률을 70%로 높이겠다는 계획이 있다. 중국이 반도체 패권을 잡게 되면 무슨 일이 일어날까?

2021년 4월에 미국 바이든 대통령이 전세계 반도체 기업들 불러다가 미국 내 반도체 생산 투자에 협조하라고 입김을 불어넣었듯이, 중국도 이렇게 될 수 있다. 중국의 입김으로 반도체 수급이 어려워지면, 반도체를 필요로 하는 전 세계 국가들이 흔들릴 수 있다.

지금까지의 미국과 중국의 반도체전쟁은 중국의 반도체 굴기(중국의 반도체 자립계획)를 견제하기 위해 미국의 반도체 장비를 중국 기업에 공급하지 않게 하는 등 미국 정부가 중국 기업을 직접 제재하는 형태로 진행되었다. 하지만 지금은 반도체 자체 생산을 늘리는 미국 중심의 글로벌 공급사슬 구축 형태로 전략이 바뀌었다. 즉 미국의 '반도체 자국주의'가 강화된 것인데 현재 반도체 생산구조를 보면 왜 전략이 달라졌는지 이해할 수 있다.

미국은 한때 반도체시장을 선도했지만, 현재는 한국과 대만 등 아시아 국가들이 세계 반도체 제조의 70% 이상을 점유하고 있다. 어쩌다 이렇게 됐을까? 바로 미국의 반도체 기업들이 파운드리 대신에 '팹리스'에 집중했기 때문이다. 미국의 반도체 기업들이 팹리스 모델을 택한 것은 수익성이 높기 때문이다. 팹리스 모델을 선택하면 공장 건설, 생산설비에 필요한 수십 조 원의 투자와 유지 비용을 아끼고 설계 역량 강화 등에 집중시킬 수 있었다. 대신에 생산능력은 떨어질 수밖에 없다.

그 결과 세계 반도체 생산능력의 상당 부분은 아시아로 넘어가게 되었다. 국제반도체장비재료협회(SEMI)에 따르면 2000년 24%에 달하던 미국의 반도체 생산시장 점유율이 2020년에 12%까지 감소했다. (대만 22.9%, 한국 21.4%, 중국 17%) 또한 기술 진화에 따라 점점 난이도가 높아지는 제조기술 분야에 대한 미국 기업들의 투자가 지지부진했다는 점도 한몫했다.

미국에는 퀄컴, 엔비디아, AMD 등 글로벌 반도체 기업들이 자리 잡고 있지만, 이 기업들은 칩을 설계만 하고 실질적인 생산은 대만 TSMC와 삼성전자 등이 맡고 있다. 그런데 코로나19로 인해 반도체 생산에 차질이 생겨 공급 부족사태가 일어나자, 미국은 반도체 자체 생산에 대한 중요성을 인식하게 되었다. 그래서 미국이 반도체 자립에 이렇게 매달릴 수밖에 없는 것이다.

따라서 반도체 관련 기사를 볼 때는 미중 반도체 패권전쟁 배경

지식을 바탕으로 우리나라 기업들이 어떤 대처를 하고 있고, 반사이익을 보는 기업이나 국가는 어디인지 등을 살펴볼 필요가 있다.

반도체 기사, 이렇게 읽어야 돈이 된다

여기까지 반도체 산업에 대한 기본적인 상식을 습득했다면 이제 실전으로 적용해 보자. 다음은 〈매일경제〉 산업면에 실린 반도체 산업 관련 기사다.

애플 이어 구글도 '반도체 독립선언'

구글이 직접 설계한 반도체를 차세대 스마트폰인 픽셀6·픽셀6프로에 처음 탑재하기로 결정했다. 2일 CNBC·월스트리트 저널 등에 따르면, 구글은 구글텐서(tensor)라는 스마트폰용 반도체를 직접 설계해 오는 10월 출시될 플래그십 폰에 적용한다는 방침이다. 앞서 애플이 인텔과 결별하고 자체 프로세서를 개발한 데 이어 구글도 퀄컴으로부터 독립하는 셈이다. 이에 대해 구글 하드웨어 부문 책임자 릭 오스털로노는 "문제는 항상 하드웨어 기능으로 귀결된다"면서 "정교한 고급 AI 모델을 실행하는 데 있어 다양한 제약 조건에 직면해, 우리만의 시스템을 구축하기로 결정했다"고 설명했다.

– 이상덕, 〈매일경제〉, 2021. 8. 3.

위 기사의 핵심 내용은 팹리스(반도체 설계 전문 기업) 기업의 고객들이 더 이상 반도체 설계를 위탁하지 않고 직접 개발하겠다는 내용이다. 즉 고객이 경쟁사로 바뀐다는 것이다. 산업면에서 이런 내용을 다루는 기사는 해당 산업에 큰 변화를 가져오기 때문에 절대 놓치면 안 된다. 이렇게 산업면에서 기업의 사업 방향이 바뀔 때는 그로 인해 미치는 영향을 중심으로 질문을 만들어보면 좋다. 이렇게 질문 방향만 잘 잡아도 투자 아이디어를 얻을 수 있다.

생각해 보면 좋은 질문

- 애플과 구글이 반도체 독립선언을 하는 이유는 무엇일까?
- 애플이나 구글의 반도체 독립선언이 국내 반도체 기업에는 어떤 영향을 미칠까?
- 반도체 독립선언을 하는 기업이 많아질수록 수혜 기업은 어디일까?
- 기존 고객들이 직접 설계를 하면 팹리스 기업에는 부정적이지 않을까? 반대로 파운드리 시장에는 어떤 영향을 미칠까?

2020년 애플의 반도체 독립선언을 시작으로 아마존, 구글 등 글로벌 빅테크 기업들은 자체 반도체를 직접 개발하고 있다. 이유가 무엇일까? 기업들의 칩 개발 수요의 이유는 제각각이지만 핵심은 그 회사의 시스템에 최적화된 반도체 칩을 만들 수만 있으면, 외부의 팹리스에 맡기는 것보다 자체적으로 내부에서 해결하는 게 훨씬 낫기 때문이다.

다만 반도체 칩 '설계'를 개발하는 것이지, 직접 생산하는 것은 아니다. 파운드리 생산라인 증설에는 수십조 원의 비용이 투입되고 미세공정을 위해서는 상당한 기술력이 요구되기 때문이다. 그래서 애플도 자체 설계한 반도체 칩 생산은 파운드리 기업인 대만의 TSMC 기업에 맡기고 있다.

이런 반도체 칩 개발 수요는 반도체 시장에 어떤 변화를 가져올까? 이럴 때는 해당 산업을 구성하는 생태계를 중심으로 살펴볼 필요가 있다. 위에서 언급했듯이 반도체 기업은 크게 팹리스, 파운드리, 종합 반도체로 나뉜다. 결론부터 말하자면 팹리스 기업에는 악재, 파운드리 기업에는 호재로 작용한다고 볼 수 있다. 기존 팹리스 업체들로서는 빅테크 기업들이 고객에서 강력한 경쟁사로 바뀌어 고객을 잃었기 때문이다.

반대로 설계를 갖다주면 생산을 해주는 파운드리 기업은 오히려 기회가 될 수 있다. 종합 반도체 기업에게도 호재가 될 수 있다. 개발 인력 및 경험이 부족한 IT 업체가 직접 설계에 나서면서 생기는 어려움을 지원해 주면서 동시에 생산까지 해줄 수 있기 때문이다.

따라서 빅테크 기업의 홀로서기가 국내 종합 반도체 기업인 삼성전자에게도 기회가 될 수 있다. 왜냐하면 빅테크 기업들의 시스템에 최적화된 반도체 칩을 실제로 생산하려면 미세공정의 필요성이 확대되기 때문이다. 현재 글로벌 파운드리 기업 가운데 5나노 이상의 기술력을 확보한 기업은 TSMC와 삼성전자뿐이다.

자, 그러면 이러한 반도체 산업 변화 속에서 어떤 투자 전략을 가져가야 할까? 이미 답은 질문에 대한 대답을 찾는 과정에서 모두 나왔다. 반도체 파운드리 기업에 투자하거나, 반도체 칩 설계 비용을 줄여 더 많은 매출을 낼 수 있는 빅테크 기업에 투자하는 것도 전략이 될 수 있다. 다만 이렇게 기사에서 얻은 투자 아이디어를 적용할 때는 다음에서 소개하는 'ETF 활용 방법'을 적용하는 것을 추천한다.

반도체 ETF는 여러 가지가 있는데, 이 중에서 파운드리 비중이 높은 'SMH ETF(VanEck Vectors Semiconductor ETF)'에 투자하는 방법이 있다. 또한 빅테크 기업에만 투자하는 ETF는 VUG, IVW, TIGER 미국테크TOP10 INDXX ETF 등 여러 가지가 있기 때문에, 반도체 독립선언을 한 기업 비중이 많은 ETF를 선택하는 것도 대안이 될 수 있다.

ETF 기사
활용 방법
증권편

세 가지 맛 펀드, ETF

증권면에는 ETF 관련 기사가 자주 보인다. ETF란 영어 뜻 그대로 해석하면 '거래소(Exchange)에서 거래되는(Traded) 펀드(Fund)'를 말한다. 즉 펀드이긴 한데 거래소에 상장시켜 투자자들이 주식처럼 편리하게 실시간으로 거래할 수 있도록 만든 상품이다. 그래서 한국말로는 '상장지수펀드'라고 한다. 쉽게 말해서 주식을 사는 게 프라이드치킨, 양념치킨, 간장치킨 중 어떤 것을 먹을지 고민하는 것이라면 ETF는 세 가지 맛 세트를 구매하는 것이다.

이를 실제 주식 투자에 적용해 보면 전기차 관련 주식을 사고 싶은데 LG에너지솔루션, 삼성SDI, SK이노베이션 중에서 뭘 사야 될지 고민될 때, '전기차 ETF'를 매수하면 이 세 종목에 모두 투자할 수 있다. 즉 관련된 모든 주식 종목을 구매한 효과를 누릴 수 있다.

이렇듯 ETF는 한 종목에 올인하는 것이 아니라 다양한 종목들에

분산투자하기 때문에 리스크를 줄인 펀드의 장점과 실시간 거래가 가능하며 수수료가 적은 주식의 장점을 갖고 있다. 참고로 ETF는 자산운용사에서 만들고, 판매는 증권사에서 담당한다. 이들 역시 경제신문사의 고객이기 때문에 ETF 관련 기사가 증권면에 단골 고객으로 나오는 것이다.

주식 공부의 트리거, 'ETF 기사'

증권면에서 ETF기사를 챙겨 봐야 하는 이유는 따로 시간 내서 주식 공부를 할 필요가 없어지기 때문이다. 그 이유는 ETF 기사가 다루는 내용에서 찾을 수 있다. ETF 기사 내용은 크게 '주가의 움직임'과 '신규상장' 이렇게 두 가지로 나뉜다. 주가의 움직임과 관련된 ETF기사를 통해서는 지금 주식시장의 트렌드를 파악할 수 있고, 신규상장과 관련된 ETF기사를 통해서는 주식시장에서 떠오르는 산업이 무엇인지 파악할 수 있다. 따라서 따로 주식 공부하는 시간을 내지 않아도 자연스럽게 공부하는 시간을 갖게 된다.

하지만 ETF 기사를 이렇게만 활용하면 겨우 반절만 활용할 수 있다. 결국 기사에서 언급한 ETF에 어떤 종목이 담겨 있는지, 추종지수는 무엇인지 등을 직접 찾아보는 시간을 가져야 기사 1개로도 깊이 있는 공부를 할 수 있다. 예시로 아래 기사를 살펴보자.

K메타버스 ETF 수익률, '원조' 美 META 넘었다

16일 한국예탁결제원에 따르면 최근 한 달간 국내 투자자는 '라운드힐 볼 메타버스 ETF(META)'를 3,122만 달러(약 368억 원)어치 순매수했다.(중략) 지난달 13일 상장한 국내 메타버스 ETF 4종은 모두 이 META의 수익률을 뛰어넘었다. 상장 이후 지난 15일까지 'KODEX K-메타버스액티브'는 37.2% 올랐다. 'TIGER Fn메타버스' 'KBSTAR iSelect메타버스' 'HANARO Fn K-메타버스MZ'도 19.0~35.1%의 수익률을 기록했다. 이 기간 META의 수익률은 14.5%다. 권오성 미래에셋자산운용 ETF마케팅 부문장은 "국내의 경우 3분기 실적 발표 철에 게임회사가 대체불가능토큰(NFT) 사업 계획을 줄지어 발표하고 〈오징어 게임〉 흥행으로 콘텐츠 지식재산권(IP)을 가진 기업의 주가가 크게 올랐다"고 설명했다.

- 구은서, 〈한국경제〉, 2021. 11. 16.

이 기사를 보고 '아 그래서 올랐구나'라고 끝낼 게 아니라 기사에서 언급된 ETF의 구성 종목을 살펴보자. 메타버스와 관련된 기업은 어디가 있는지 따로 찾지 않아도 알 수 있고, 해당 산업을 구성하는 생태계도 쉽게 파악할 수 있다. 예를 들어 메타버스 ETF 중 삼성자산운용에서 출시한 'KODEX K-메타버스액티브 ETF'의 구성 종목 TOP10을 차지하고 있는 기업이 속한 업종을 분류하면, 너무나도 쉽게 어떤 업종이 메타버스 산업을 구성하고 있는지 알 수 있다.

또한 기사에서 언급한 메타버스와 관련된 ETF끼리 비교하면서 어떤 차이점이 있는지 등을 고려하면서, 투자할 상품을 고민해 보는 것 역시 투자 공부가 될 수 있다. 예를 들어 'KODEX K-메타버스액티브 ETF'는 메타버스를 주도하는 업종 중에서 엔터기업에 집중 투

KODEX K-메타버스액티브 ETF 구성 종목 TOP10　　　　2022년 1월 28일 기준

종목	비중	업종
LG이노텍	8.9%	전자장비
펄어비스	8.2%	게임
하이브	7.1%	엔터
위메이드	5.9%	게임
컴투스홀딩스	5.7%	게임
제이콘텐트리	5%	엔터
에스엠	4.9%	엔터
NAVER	3.9%	플랫폼
아프리카TV	3.7%	엔터
YG엔터테인먼트	3.6%	엔터

자하는 특징을 가졌다. 이때 만약 이미 엔터기업에 투자하는 비중이 크다면, 해당 ETF 대신 다른 메타버스 ETF에 투자해야 중복 투자를 피할 수 있다.

ETF 수익률에 숨겨진 비밀

　이렇듯 ETF 관련기사에서 수익률이 좋다는 내용만 보고 따라 살 게 아니라, 해당 업종을 공부할 수 있는 기회라고 생각하면서 접근하는 것을 추천한다. 왜냐하면 ETF 주가 움직임과 관련된 호재성 기사들은 대부분 주가의 어깨에서 머리 부분 즈음에 도달했을 때 기사로 나오는 편이기 때문이다. 따라서 호재성 ETF 기사는 관련 트렌드를 공부하는 용도로 활용해 조정이 왔을 때 매수하는 전략으로

접근하고, 악재성 ETF 기사는 앞서 3장에서 언급한 방법을 적용해 오히려 기회로 활용할 수 있는지를 찾는 전략으로 접근하는 것이 현명하다. 그래서 ETF기사도 수익률이 하락했다는 악재 기사를 좀 더 관심 있게 찾아보는 것이 좋다.

특히 ETF 호재성 기사를 볼 때는 단기 수익률에 초점을 두기보다는 기사에 나온 관계자가 기사에서 언급한 ETF 상품을 판매하는 증권사 직원 혹은 상품을 만든 자산운용사 직원은 아닌지, 상승한 이유는 무엇인지, 해당 ETF를 구성하는 종목은 무엇인지, 상장 이후 꾸준하게 상승세를 보이는지 등을 살펴볼 필요가 있다.

실제로 위 기사를 보면 메타버스 ETF가 상승한 이유를 '미래에셋 자산운용 ETF 마케팅 부문장'이 설명했다. 그런데 자세히 보면 기사에서 언급한 여러 메타버스 ETF 중 미래에셋자산운용사에서 출시한 'TIGER Fn메타버스'가 있다. 그러면 해당 ETF를 홍보하기 위한 전략을 세우는 마케팅 부문장이 과연 이 상품에 대해 안 좋은 이야기를 할 수 있을까? 아마 힘들 것이다. 이렇듯 호재성 ETF 기사를 볼 때는 전문가가 나오더라도 기사 내용과 우호적인 관계를 맺을 수밖에 없는 관계자는 아닌지 살펴볼 필요가 있다.

ETF 주가 상승 원인, 팩트 체크 필수

한 가지 예시를 더 살펴보자.

극과 극 ETF…의료기기 방긋, 인버스 울상

19일 한국예탁결제원은 476개 ETF에 대해 지난달 16일~이달 16일 수익률을 집계한 결과 의료기기, 게임, 철강, 에너지 등 가관받고 있는 테마 주식을 담은 상장지수펀드(ETF)가 최근 한 달간 높은 수익률을 낸 것으로 나타났다. 반면 지수 하락에 베팅하는 인버스 ETF와 파생상품을 담은 ETF는 수익률이 저조했다.

— 김정범, 〈매일경제〉, 2021. 4. 19.

위 기사는 최근 한 달간의 수익률을 집계한 결과 TIGER 의료기기 ETF 수익률이 가장 높았고, 인버스 ETF 수익률이 가장 저조했다는 내용이다. 이유로는 TIGER 의료기기 ETF 구성 종목에 임플란트 생산업체 주식 보유 비중이 높은데, 임플란트 업종이 올해 1분기 수출 호조세가 뚜렷해 주가 상승률도 돋보였다는 것이다.

그런데 실제로 TIGER 의료기기 ETF의 구성 종목을 보면, 당시 4월 16일 기준으로 임플란트 업종인 오스템임플란트의 비중은 4.98%였던 반면에 유전자 분석 전문 기업 씨젠은 무려 19.6%였다. ETF는 구성 종목의 비중에 따라서 해당 ETF 주가에 미치는 영향이 다르다. 해당 ETF의 경우에는 씨젠 비중이 오스템임플란트보다 약 4배 정도 더 많기 때문에 ETF 수익률에 더 큰 영향을 미칠 수밖에 없다.

이 관점으로 봤을 때 TIGER 의료기기 ETF가 상승한 이유를 다시 보면 어딘가 끼워 맞춘 듯한 느낌이 들지 않는가? 당시 씨젠 주가를 확인해 보니 무상증자 이슈로 인한 급등세를 보이고 있었다. 참고로 무상증자란 주주에게 돈을 받지 않고 주식을 나눠주는 것을 말하는데, 주주 입장에서는 가만히 앉아 있다가 더 많은 주식을 가질 수 있으니 호재로 작용하는 편이다. 즉 해당 ETF가 상승한 이유는 씨젠의 무상증자 이벤트로 반짝 상승했던 것이지, 임플란트 수출 증가 때문이 아니다.

이렇듯 ETF 관련 기사를 볼 때는 주가 움직임에 대한 정확한 원인을 파악하고, 구성 종목을 직접 찾아보면서 공부해야 현명하게 분석할 수 있다.

교통기사
해석하는 5단계
접근 방법
부동산편

교통 기사 접근 방법

부동산에서 말하는 입지의 3요소 중 가장 중요한 요소는 단연 '교통'이다. 아무리 도시를 잘 만들어도 다른 지역과 이어주는 교통망이 열악하다면 사람들은 그곳에 거주하려고 하지 않기 때문이다. 일례로 1기 신도시의 경우에는 업무지구로 가는 교통망을 이어주지 않고, 집만 지어놔서 미분양이 대거 발생하고, 베드타운으로 전락해 집값에도 부정적인 영향을 줬었다. 이렇듯 집값에 영향을 주는 교통 기사를 놓쳐서는 안 된다. 하지만 막상 교통 기사를 보면 다 좋은 이야기 같아서 어떻게 해석해야 할지 막막할 것이다. 이럴 때는 교통 기사를 접근하는 5단계 방법을 활용해 보자.

1. 교통망 및 노선도를 지도에 직접 그리기
2. 주변 업무지구 찾기

3. 주변 뉴타운, 신도시, 택지지구, 정비사업 등 표시
4. 정부의 의도 생각하기
5. 주변 지역에 있는 대장 아파트 찾기

1단계는 기사에서 언급한 교통망을 지도에 직접 그려보는 것이다. 직접 그려야 머릿속에 더 오래 남고, 주변 지역까지 한눈에 들어와 사고를 확장할 수 있기 때문이다. 거창하게 지도를 사서 그릴 필요는 없다. 네이버 지도를 캡처한 후 그림판에서 자유롭게 그리는 것으로 시작해 보자.

2단계는 해당 교통망 주변에 어떤 업무지구가 가까이 있는지 찾아보는 것이다. 앞서 언급했듯이 교통의 핵심은 업무지구와의 연결성이다. 따라서 해당 교통망으로 인해 주변에 있는 업무지구까지 가는 길이 얼마나 편리해질지, 시간이 얼마나 단축될지 생각해 보는 것이 중요하다. 또한 해당 지역이 기존에 갖고 있던 교통 문제가 해결될 수 있을 것인지도 살펴봐야 한다.

3단계는 해당 교통망 주변에 뉴타운(재정비 촉진사업), 신도시(대도시의 근교에 계획적으로 개발한 새 주택지), 택지개발지구(주택을 건설하기 위해 지정한 지구), 정비사업(재건축·재개발 등) 등을 표시해 보는 것이다. 이를 파악해야 2단계와 연결해서 분석할 수 있다.

4단계는 정부의 의도를 생각하는 것이다. 많고 많은 지역 중에 왜 하필 이곳에 교통망을 설치하는지 생각해 보자. 정부는 아무 생각 없이 그러지는 않는다. 어떠한 의도를 갖고 교통을 만들어준다. 정부의 의도는 '연결'이다. 어디와 어디를 왜 연결하려는지를 중심

으로 생각하면 최대 수혜 지역이 어디인지 분석할 수 있다.

마지막 5단계는 4단계에서 찾은 수혜 지역에 있는 대장 아파트를 찾아보는 것이다. 대장 아파트란 대장과 같이 선두에서 흐름을 잡아주는 아파트를 말한다. 즉 해당 지역 내에서 평 단가가 가장 비싸고 인기가 많은 아파트이다. 왜 대장 아파트를 아는 것이 중요할까? 대장 아파트는 지역 내에서 먼저 오르기 때문이다. 즉 앞으로의 아파트 가격 흐름을 미리 읽을 수 있는 바로미터가 된다. 대장 아파트가 오르는 것을 먼저 확인하고 나면 인근 지역 아파트들의 가격도 뒤따라 오른다.

이렇게만 설명하면 감이 잘 안 오니, 실제 기사에 적용해 보자. 아래 기사의 핵심 내용은 '진접선' 개통으로 남양주 아파트값 상승이 기대된다는 것이다.

진접선 개통에…남양주 아파트 기대감 '솔솔'

서울 노원구 상계동 4호선 당고개역에서 경기도 남양주시 진접읍을 잇는 4호선 진접선이 다음달 19일 개통될 예정이다. 이번에 개통되는 진접선은 4호선 당고개역, 별내별가람역(신설), 오남역(신설), 진접역(신설)을 새롭게 잇는 노선이다. 8일 국토교통부에 따르면 4호선 진접선 개통일이 3월 19일로 확정됐다. 그동안 언론 등에서 3월 개통 관련 내용들이 나왔지만 최근 국토부가 관련 기관들과 협의해 개통일을 3월 19일로 확정한 것으로 보인다. 부동산 전문가들은 진접선 개통과 함께 신설역 부근 아파트들을 주목해야 한다고 조언한다.

— 박준형, 〈매일경제〉, 2022. 2. 8.

1단계에서는 아실(아파트 실거래가, asil.kr)과 호갱노노(hogangnono. com) 사이트에서 제공하는 '교통망' 기능을 활용하면 쉽게 그릴 수 있다. 아실에서 오른쪽 중간에 있는 '교통망'과 호갱노노에서 왼쪽 상단에 있는 '개발호재' 메뉴를 누르면 교통망 위치를 볼 수 있다. 위치를 파악한 후 네이버 지도를 캡처해, 그림판으로 가져와 해당 교통망을 보면서 직접 역을 하나씩 점으로 표시하고 이어보자. 나아가 주변에 다른 교통망과 어떻게 연결되는지도 함께 살펴보자.

호갱노노 '개발호재' 기능

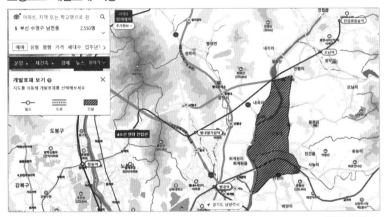

출처: 호갱노노

2단계로 넘어가 주변 업무지구를 찾을 때는 인터넷에 '진접선 업무지구'라는 키워드로 검색하면 금방 찾을 수 있다. 그리고 나서 교통이 얼마나 편리해질지 생각해 보자. 검색을 해보면 진접선이 완공되면 진접역에서 49분 만에 업무지구인 서울역에 갈 수 있고, GTX-C 정차역이면서 업무지구로 바뀔 창동역까지 20분 만에 이동할 수 있다는 것을 알 수 있다. 또한 환승을 통해 광화문 등 도심권은 물론, 소요시간이 1시간은 넘지만 여의도, 강남 등으로도 갈 수 있는 길이 생긴다.

다음 3단계에서도 '진접선 신도시', '진접선 택지지구' 등의 키워드로 검색하는 방법이 있다. 다만 네이버 부동산 사이트에서 오른쪽 상단에 있는 '개발' 메뉴를 활용하면 더 쉽게 찾을 수 있다. 진접선 주변에 있는 개발지역을 보니 별내신도시, 남양주진접 공공주택지구, 남양주 왕숙신도시, 상계뉴타운 등이 인접해 있다는 것을 알 수 있다.

네이버 부동산 지도 '개발' 기능

출처: 네이버 부동산

4단계에서는 정부의 의도를 파악해 보자. 정부는 왜 진접선을 개통했을까? 진접선이 어디를 연결해 주는지 살펴보면 그 답을 찾을 수 있다. 그동안 남양주 일대에는 경의중앙선을 제외하면 신도시를 지나는 노선이 없었다. 하지만 진접선은 경기도 남양주와 서울 노원구를 이어주면서 서울로 진입하는 교통을 원활하게 만들어주기 때문에 서울로 출퇴근하는 수요가 늘어날 수 있다. 또한 아래 그림에서 볼 수 있듯이 진접선 정차역인 별내가람역까지 8호선이 연장되면서 남양주의 별내, 오남, 진접 등 대규모 택지개발지역들이 연결된다. 더불어 강동구에서 하남 미사지구를 거쳐 남양주 왕숙지구

아실의 '교통망' 기능으로 진접선 확인하기

출처: 아실

별내가람역과 풍양역

출처: 아실

를 잇는 9호선 연장선은 추후에 진접선에 추가로 신설되는 풍양역까지 연장된다. 계획대로 추진된다면 풍양역에서는 가장 중요한 업무지구인 강남까지 한 번에 갈 수 있게 된다. 따라서 별내가람역과 풍양역은 진접선 정차역 중에서 2개의 노선이 만나기 때문에 가장 큰 수혜 지역으로 기대할 수 있다.

5단계에서 대장아파트를 찾을 때는 1,000세대 이상의 대단지 중에서 대표 평형대로 분류되는 전용 84㎡ 기준 가격으로 찾아보는 것을 추천한다. 대장 아파트를 찾을 때는 호갱노노 사이트 왼쪽 상단에 있는 평형, 세대수 기능을 사용하면 쉽게 찾을 수 있다. 현재 별내가람역 주변에는 별내아이파크 아파트가 전용 84㎡ 기준으로 약 9.4억 원인 것을 알 수 있다.

호갱노노에서 제공하는 아파트 찾기 기능

출처: 호갱노노

262

이렇듯 어떠한 노선이 개통되면 주변 아파트에는 엄청난 호재로 작용한다. 하지만 그 노선이 정말 실현될 것인지, 언제 개통될 것인지도 정확히 파악해야 한다. 그리고 당초 계획했던 교통망 개선 사업이 지연되기도 한다는 점을 유의하자. 따라서 기사를 통해 관련 내용을 계속 업데이트하되, 해당 지역 집을 매수할 때는 다시 최종 점검을 해야 한다. 또한 교통 기사는 지리나 교통망에 대한 배경지식이 없으면 호재인지 악재인지 판단하기가 더욱 어려운 분야다. 따라서 교통 기사를 읽을 때는 처음부터 내 생각을 억지로 끄집어내지 말고, 우선 교통망을 직접 그려보면서 주변에 어떤 것들과 연결할 수 있는지를 생각하자.

부자는 아니더라도 준(準)부자를 꿈꾼다면

우리나라에서 부자의 기준은 얼마일까? KB금융지주 경영연구소의 '2021 한국 부자 보고서'를 보면 한국 부자의 기준을 세 가지로 나누었는데, 총자산 기준으로는 100억 원, 부동산자산 기준으로는 50억 원, 금융자산 기준으로는 30억 원이다. 그런데 이번 보고서에서 처음으로 '준(準)부자'에 대한 개념이 새롭게 등장했다. 준부자란 한국 부자가 되기 위해 자산을 키워나가고 있는 대중 부유층을 의미한다. 준부자와 관련해서 가장 흥미로운 자료는 총자산이 50억 원 미만 준부자가 50억 원 이상 준부자에 비해 관심이 큰 자산관리 분야가 '경제 동향 정보'라는 점이다. 심지어 부자들의 자산관리 관심사 중 TOP2도 경제 동향 정보다.

이를 통해 일반 사람들과 부자의 관심 분야는 크게 다르지 않다는 것을 알 수 있다. 그들 역시 경제 동향 정보로 돈을 벌고 있다. 실제로 투자의 귀재인 워렌 버핏 역시 13세 때부터 무려 90세가 넘은

자산관리 관심사

(1+2+3순위, 단위: %)

	준부자	부자
부동산 투자	53.0	44.8
경제동향 정보	41.0	40.3
금융상품 투자	38.5	32.8
세무	30.0	39.5
자산 포트폴리오	24.0	23.8
은퇴/노후	21.5	27.8
상속/증여	20.5	17.5
실물 투자	15.5	18.3
법률	10.0	15.5
가업승계	9.0	11.0
해외 투자	7.5	5.3
암호화폐 투자	5.5	2.8

* 준부자: n=200, 부자: n=400

총자산규모별 자산관리 관심사

(1+2+3순위, 단위: %)

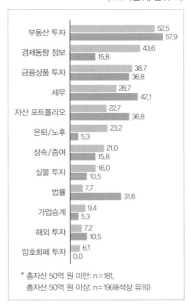

부동산 투자	52.5	57.9
경제동향 정보	43.6	15.8
금융상품 투자	38.7	36.8
세무	28.7	42.1
자산 포트폴리오	22.7	36.8
은퇴/노후	23.2	5.3
상속/증여	21.0	15.8
실물 투자	16.0	10.5
법률	7.7	31.6
가업승계	9.4	5.3
해외 투자	7.2	10.5
암호화폐 투자	6.1	0.0

* 총자산 50억 원 미만: n=181,
  총자산 50억 원 이상: n=19(해석상 유의)

출처: KB금융 경영연구소

지금까지 경제신문 읽기 습관을 지켜오고 있다. 이렇듯 경제 동향을 파악하는 것이 부자가 되는 길이라는 것을 알 수 있다.

하지만 막상 이를 실천하는 사람은 많지 않다. 그렇기에 이를 습관처럼 지키는 사람들은 경제적 자유로 가는 시간을 조금이라도 단축할 수 있다. 물론 그 과정은 절대 쉽지 않을 것이다. 그래서 쉽게 접근하고 습관으로 만드는 데 좋은 도구로 활용했으면 하는 바람으로 이 책을 썼다. 적어도 이 책을 읽고 나면 경제신문 읽기가 두렵지는 않게 될 것이라고 믿는다. '이렇게 읽으면 되겠구나' 하는 자신감을 얻을 것이라고 확신한다. 나아가 경제신문을 꾸준히 읽고 싶은 마음이 불끈 솟기를 기대하고 희망한다.

　이제 경제신문이 폐지가 될지 돈뭉치가 될지는 여러분에게 달려 있다.

　이 책의 출간을 위해 도와주신 라온북 관계자분들께 감사 인사를 전한다. 그리고 내가 나를 사랑할 수 있도록 만들어준 남편, 계획력과 꼼꼼함의 유전자를 물려주신 엄마, 부지런함과 여유로움의 유전자를 물려주신 아빠, 긍정의 힘을 알려준 언니, 무한 지지의 힘을 실어주는 어머님께 고맙고 미안한 마음을 전하고 싶다.

　더불어 언제나 나를 응원해 주고 지지해 주는 독자님들께 진심 어린 감사의 마음을 전하고 싶다. 사실 원고를 집필하는 내내 몇 번이고 후회했다. 처음 출간하는 책이라서 힘든 것도 있었지만, 쓰면 쓸수록 내가 얼마나 부족한 사람인지를 느꼈기 때문이다. '이런 내가 책을 써도 될까?'라는 생각이 지배할 때마다 위축되고 스스로가 미워졌다. 그럴 때 독자님들의 긍정적인 피드백이 담긴 댓글이 나를 다시 일어나게 했다. 이 책이 독자님들에게 조금이라도 도움이 되었다면 이젠 좀 편하게 잠을 잘 수 있을 것 같다. 꿈에서도 책을 쓰느라 힘들었다. 마무리로 나의 좌우명을 소개하겠다.

　내 비장의 무기는 아직 손안에 있다. 그것은 희망이다.

- 나폴레옹

　경제 공부가 어렵고 투자가 힘들어도 희망을 버리지 말자. 어렵고 지칠 때마다 스스로에게 이렇게 말해주자.

'어려운 거 당연한 거야. 그 어려운 걸 내가 포기하지 않고 있다는 게 중요한 거야.'

당신은 지금 당신만의 속도대로 잘 가고 있으니 너무 초조해하지 말자. 남들보다 이해가 느리더라도 절대 남과 비교하지 말고 어제의 나와 비교하자. 내가 나를 믿어준다면 경제 공부와 친구가 되는 것은 시간문제다. 내가 바로 그 산증인이다. 지난 5년 동안 경제신문을 꾸준하게 읽었더니 경제와 '찐친'이 되었다. 이제 당신이 산증인이 될 차례다.

주린이를 위한
주식 입문서

48일 완성 주린이 탈출기

이권복 지음 | 17,000원

"시작하기엔 너무 늦지 않았을까?" "아직 괜찮아!"
남들 다하는 주식 투자, 더 이상 주저하지 마라!

너도나도 차트를 보며 주식 투자에 대해 이야기한다. 수익이 몇 퍼센트 났다는 이
야기를 들으면 나도 한번쯤 해보고 싶다. 그런데 아직도 주식이 너무나 어렵게 느
껴져 막상 시작하기 두렵다면? 그런 사람들을 위해 《48일 완성 주린이 탈출기》
가 나왔다! 이 책은 주식의 'ㅈ' 자로 모르는 주식 왕초보들이 주식 투자를 알기
쉽게 공부할 수 있도록 매일 하루에 한 챕터씩 보도록 만들었다. 이 책을 따라 하
면 무슨 말인지 모르는 주식 용어부터 좋은 종목 찾는 방법까지 머리에 쏙쏙 들
어올 수 있다.

지속적인 머니
파이프라인
만들기

집은 넘쳐나는데
내 집은 어디 있나요?

부동탁 지음 | 16,000원

부알못 탈출부터 내 집 마련, 부동산 투자까지
빠르면 빠를수록 좋은 부동산 노하우

많은 사람이 경제 위기 때는 투자를 망설인다. 그러나 부자들은 남들이 주저할
때 과감히 부동산에 투자한다. 집값은 반드시 오른다는 믿음이 있기 때문이다.
이 책은 부동산 투자를 시작하고 싶어도 잘 모르는 '부알못'들에게 부동산에 대
한 기초 지식을 전달하면서 '할 수 있다'는 부자 마인드와 구체적인 방법을 제공
한다. 또한 종잣돈 3천만 원으로 직장인, 신혼부부, 사회 초년생들이 내 집 마련
을 할 수 있는 방법을 알려준다. 집 없는 욜로, 집 없는 워라밸은 없다. 지금 바로
두려움을 뛰어넘어 내 집 마련의 길로 들어서라!

그래서 해내는 능력

손동휘 지음 | 14,000원

MZ세대에게 묻는다. 머물 것인가? 앞으로 나아갈 것인가?
목표는 단 하나, 내 삶을 빌드업하는 방법!

저자는 되는 일이 없어 좌절하거나 시도하기 전에 포기부터 하거나 무슨 일을 할지 막막해 그 자리에 멈춰 선 MZ세대에게 '해내는 전략'을 알리고자 한다. 그의 남다른 도전정신과 성취욕은 세상과 현실에 타협하지 않을 수 있는 용기와 에너지를 준다. 'SNS만 보면 작아지는 나, 좋아하는 게 무엇인지 모르는 나, 어떻게 살아야 할지 모르는 나'에서 벗어나고 싶은가? 미래는 있는 그대로 두는 것이 아니라 있는 내가 힘껏 변화시키고 만들어나가는 것이어야 한다! 기회는 눈앞에 있다. 도전정신으로 내 삶을 무장하라! 그리고 도전하고 성취하는 삶을 살아라!

안 되는 이유보다 되는 이유 찾는 법

청춘, 쉽게 살면 재미없어

권유진 지음 | 14,500원

이왕 이 우주 속에 태어난 거
'가장 개성 있는 먼지'로 살면 어때?

《청춘, 쉽게 살면 재미없어》는 청년들이 무기력한 일상에서 탈출할 수 있도록 정신을 깨우는 강력한 메시지를 던진다. 커지지 않는 자존감, 진로의 고민, 관계의 문제, 무기력과의 싸움, 눈치 보이는 직장과 퇴사의 갈등 등 20~30대라면 누구나 겪어봤을 여러 삶의 문제들을 다루면서, 또래 나이인 저자가 이런 문제들을 어떻게 마주하고 자신의 삶을 업그레이드했는지 이야기한다. 이 책은 대한민국의 청춘들이 더욱 빛나는 인생을 살도록 옆에서 도와주는 든든한 조력자가 될 것이다.

소확행이 아닌 대확행을 이루는 방법